한글은 내친구 ②

생각하는 동화	4
자음 'ㄱ~ㅎ' 학습	6
모음 'ㅏ~ㅡ' 학습	22
'가~라' 익히기	32
'마~아' 익히기	45
'자~타' 익히기	59
'파~하' 익히기	73
'거~러' 익히기	80
'머~어' 익히기	85
'저~허' 익히기	90

이렇게 지도해 주세요.

아이와 대화하는 부모가 되어주세요.

아이의 두뇌성장을 돕는 환경적 자극 중에서 부모와의 대화에서 얻어지는 언어자극은 아이의 두뇌성장에 큰 역할을 합니다.
엄마와 매일 대화하는 아이가 그렇지 않은 아이에 비해 언어구사력이 뛰어난 것은 바로 이러한 사실을 뒷받침 해주는 증거입니다. 아이는 엄마와의 대화를 통해서 또래와의관계에서는 얻기 힘든 새롭고 다양한 낱말을 배우게 됩니다. 그렇기 때문에 부모와 함께하는 언어활동은 아이에게 그 어떤 자극보다 중요한 교육이 될 수 있습니다.

아이의 끊임없는 질문에 성실하게 대답해 주세요.

아이가 부모와 대화를 통해 언어활동을 시작하면서 유치원, 어린이집 등에서 만난 또래친구들과도 어울리며 수많은 질문과 궁금증을 갖게 됩니다. 그러면서 질문을 반복해서 하게 되는데, 이때 아이의 반복된 질문에 부모가 늘 성실하게 대답해 주고 칭찬을 아끼지 않는다면 그 학습효과는 보다 효과적으로 발휘될 것입니다.

좋은 교재로 학습에 대한 호기심을 자극해 주세요.

학습을 처음 시작한 아이에게 좋은 교재는 학습에 대한 새로운 호기심을 자극할 수 있는 좋은 친구입니다. 또한 아이의 학습욕구를 자극하기 위해서는 교재를 먼저 보여주고 빨리 하고 싶다는 생각을 끌어주는 것도 하나의 방법입니다. 예를 들면 스티커나, 색칠하기, 오리기, 접기 등의 교재를 보면서 아이가 가위질과 크레용을 사용하여 색칠하고, 스티커를 떼서 붙이는 활동에 흥미를 느끼게 되는 것입니다.

생각이 커지는 내친구 한글 시리즈

〈한글은 내친구〉는 한글을 배우기 시작하는 만3세 영아 과정부터 7세까지 제7차 교육과정을 바탕으로 한 교과서 중심의 한글학습교재로 전8권으로 구성되어있습니다.

본 교재는 아이가 쉽게 알고 인지할 수 있도록 사진, 그림, 스티커 붙이기, 색칠하기 등으로 다양하게 엮었으며, 생각을 키워주는 '생각하는 동화'를 통한 인성교육도 세심하게 다루었습니다.

1권에서 8권까지의 전 과정은 영아부터 초등학교 입학 전 아동이 반드시 배워야 할 학습 내용이 빠짐없이 탄탄하게 구성되어 있어, 한글을 배우기 시작하는 단계에서부터 문장 쓰기까지의 모든 과정을 완벽하게 마스터 할 수 있는 창의학습 프로그램입니다.

한글은 내친구 — 구성과 특징

1단계
여러 가지 선 긋기와 색칠하기, 스티커 붙이기를 통한 놀이 학습, 자음(닿소리)과 모음(홀소리) 배우기로 구성하였습니다.

2단계
생각하는 동화와 닿소리-홀소리의 복습, 가~허, 거~허를 그림과 함께 익히고 쓸 수 있게 구성하였습니다.

3단계
자음(닿소리)과 모음(홀소리)의 합성 형태를 낱말을 통해 익히고 읽고 쓸 수 있도록 구성하였습니다.

4단계
자음(닿소리)과 모음(홀소리)의 합성 낱말과 겹닿소리 익히기를 구성 하였습니다.

5단계
여러 가지 기관에서 하는 일과 받침이 있는 글자를 학습하도록 구성하였습니다.

6단계
겹받침과 단위를 나타내는 말, 서수, 감정을 나타내는 말을 학습하도록 구성하였습니다.

7단계
같은 말 다른 뜻(동음이의어), 소리를 표현하는 말을 학습하고 받아쓰기 등의 심화학습을 할 수 있도록 구성하였습니다.

8단계 우리들은 1학년
예비초등단계로 초등학교 입학 전 아동을 위해 초등학교 1학년 교과내용을 중심으로 하였으며 1권에서 7권을 마무리하는 단계로 구성하였습니다.

유치원 교육 과정에 따른
8단계 교육 프로그램

아기돼지 삼형제

숲 속에 아기돼지 삼형제가 살고 있었어요.
첫째 돼지는 게으름뱅이고 둘째 돼지는 잠꾸러기였는데,
셋째 돼지는 부지런한 똘똘이였어요.

어느 날, 엄마돼지는 아기돼지 삼형제에게 각자 자기집을 짓고 살라고 말씀하셨어요.
그래서 아기돼지 삼형제는 엄마 품을 떠나 각자 집을 짓게 되었어요.
첫째 돼지는 지푸라기를 얼기설기 엮어서 집을 만들고,
둘째 돼지는 통나무로 대충대충 집을 지었어요.
그러나 셋째 돼지 똘똘이는 벽돌을 하나씩 차곡차곡 쌓아 튼튼한 집을 지었답니다.

◎ 아기돼지 세마리가 지은 집 중에서 누가 지은 집이 가장 튼튼할까요?

날짜 :   월   일

'ㄱ' 학습

매우잘함 잘함 보통

🎲 그림을 보고, 'ㄱ'(기역)이 들어 있는 낱말을 읽어 보세요.

가지   가방   가위

🎲 'ㄱ'(기역)을 읽고, 바르게 써 보세요.

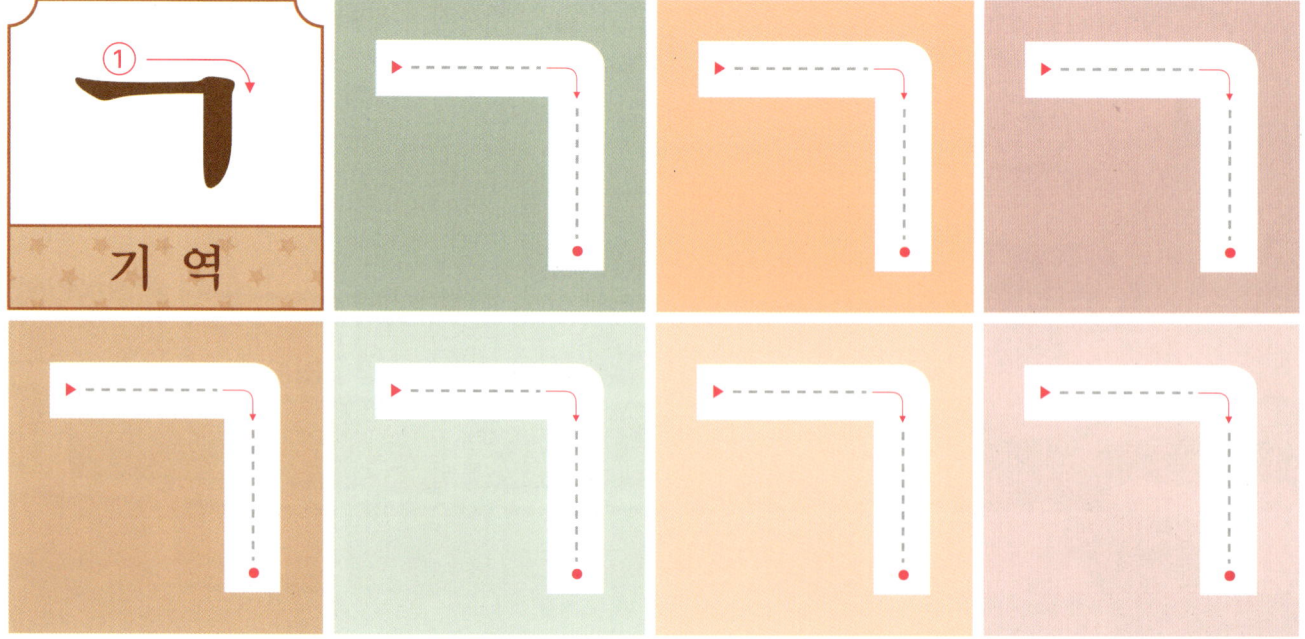

기 역

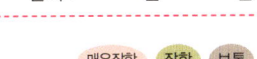

날짜 :   월   일

'ㄴ' 학습

🎲 'ㄴ'(니은)이 들어 있는 그림을 모두 찾아 ◯ 해 보세요.

🎲 'ㄴ'(니은)을 읽고, 바르게 써 보세요.

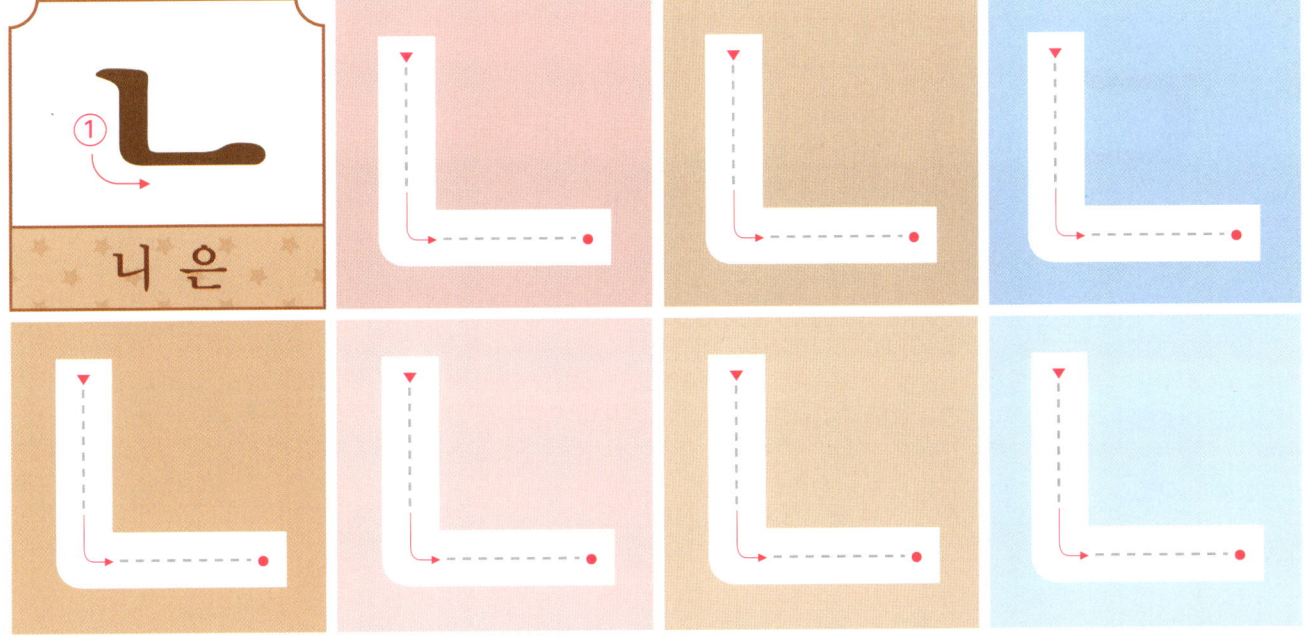

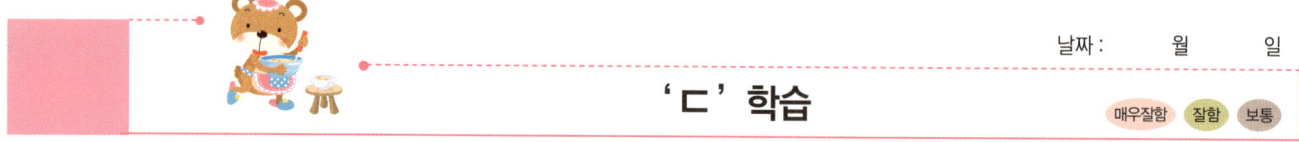

'ㄷ' 학습

🎲 'ㄷ'(디귿)이 들어 있는 접시를 모두 찾아 그 위에 🌰 스티커를 붙여 보세요.

🎲 'ㄷ'(디귿)을 읽고, 바르게 써 보세요.

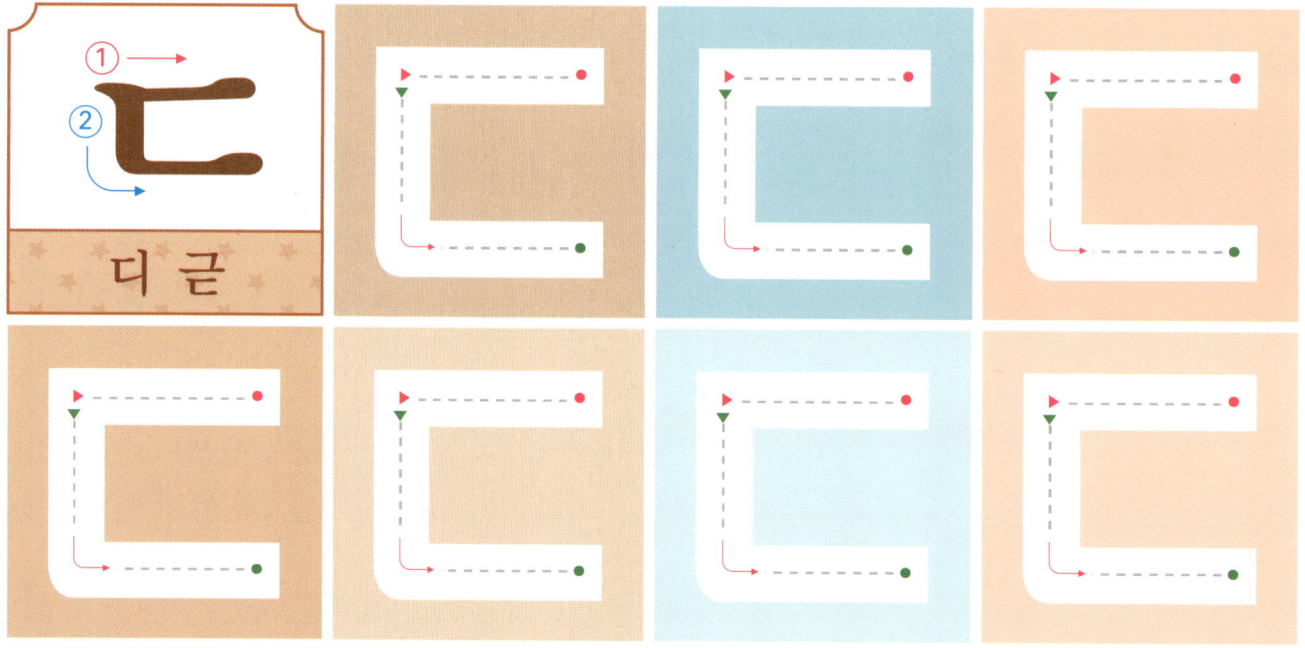

'ㄹ' 학습

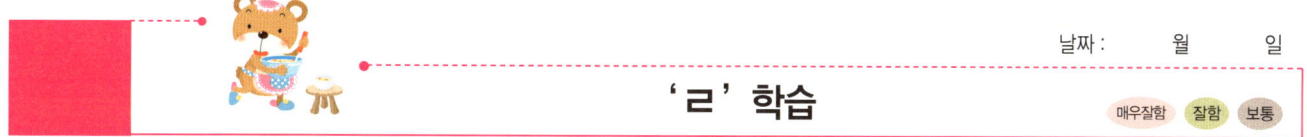

🎲 그림의 이름을 말하고, 'ㄹ'(리을)을 예쁘게 색칠해 보세요.

🎲 'ㄹ'(리을)을 읽고, 바르게 써 보세요.

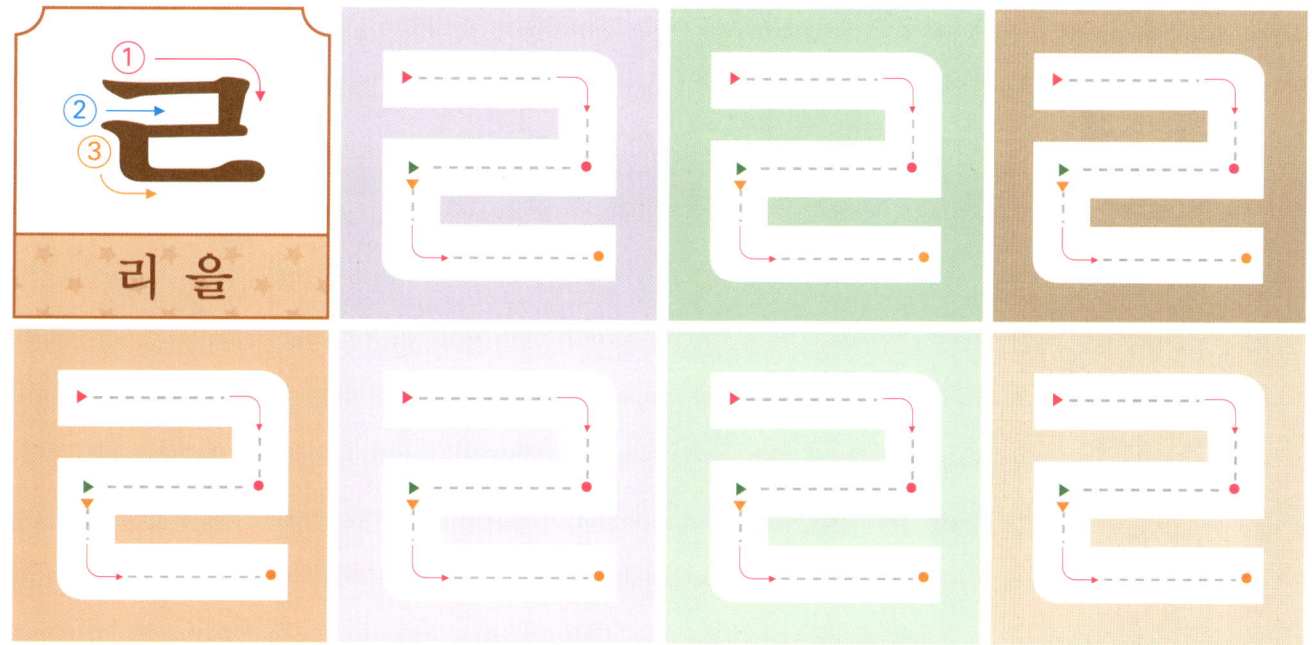

'ㅁ' 학습

🎲 농구대에 쓰여 있는 'ㅁ'(미음)과 같은 낱자가 쓰인 모자를 찾아 ◯ 해 보세요.

🎲 'ㅁ'(미음)을 읽고, 바르게 써 보세요.

'ㅂ' 학습

🎲 그림을 보고, 낱말을 읽어 보세요.

🎲 'ㅂ'(비읍)을 읽고, 바르게 써 보세요.

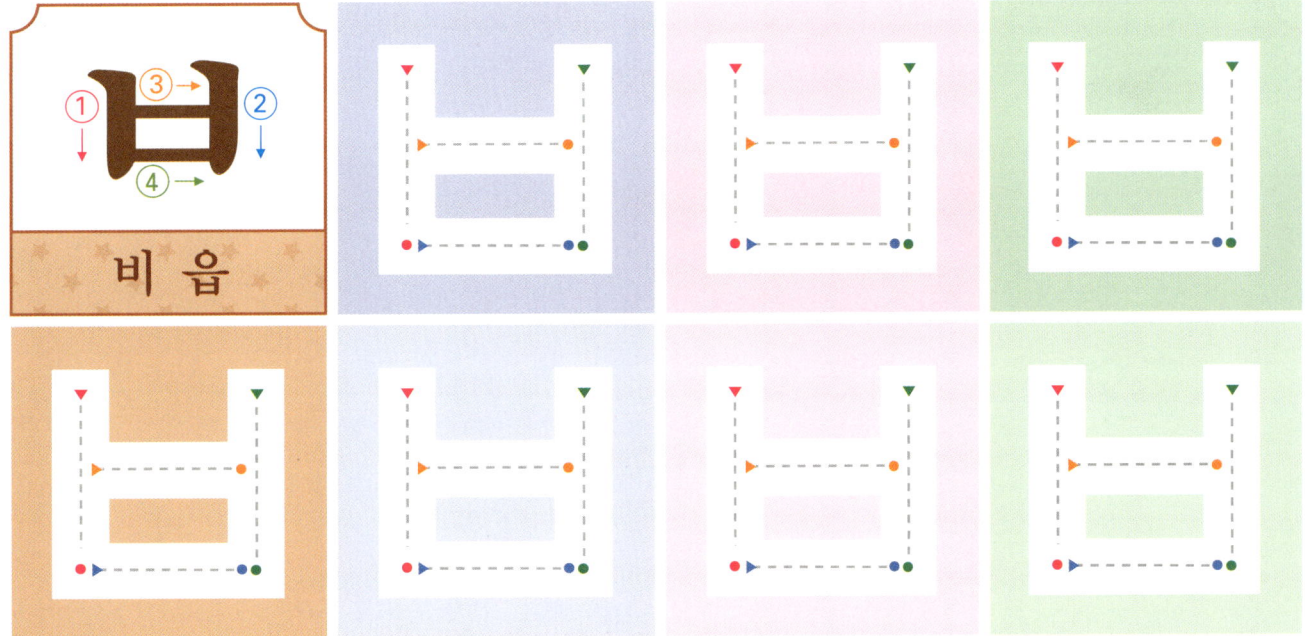

'ㅅ' 학습

날짜 :   월   일

🎲 ◯안의 글자가 이름의 첫 글자인 것을 찾아 ◯해 보세요.

🎲 'ㅅ'(시옷)을 읽고, 바르게 써 보세요.

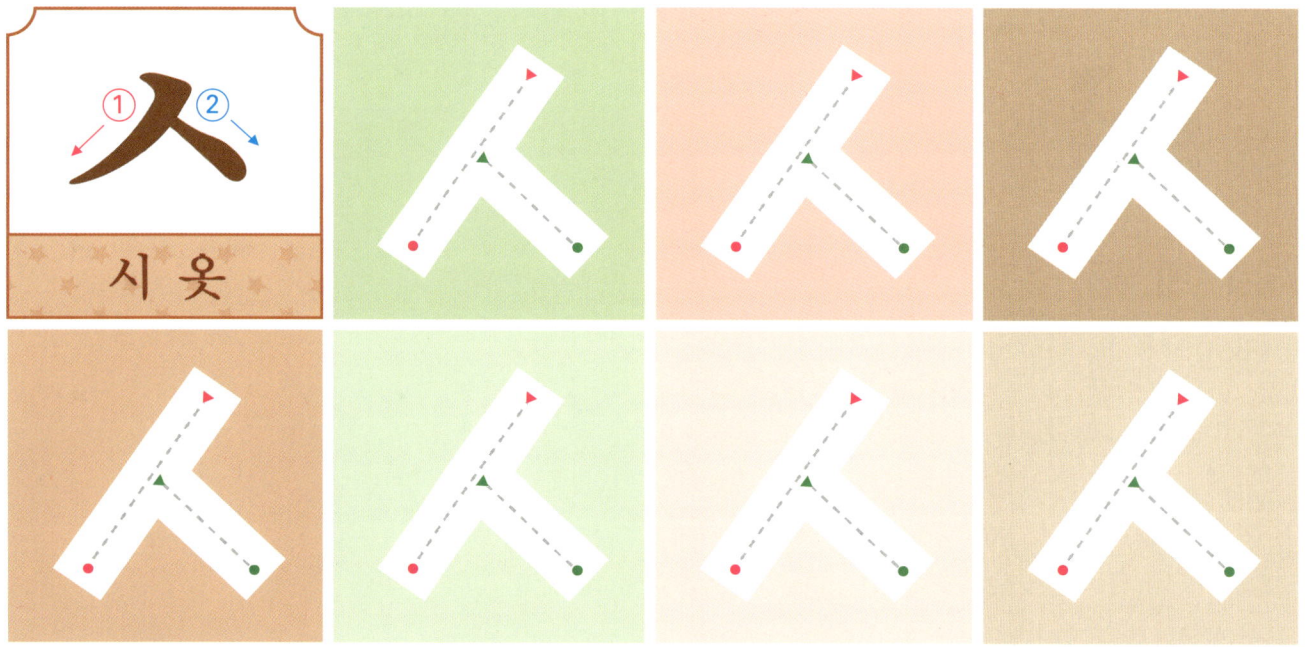

'ㅇ' 학습

🎲 빈 곳에 알맞은 그림 스티커를 붙이고, 낱말을 읽어 보세요.

🎲 'ㅇ'(이응)을 읽고, 바르게 써 보세요.

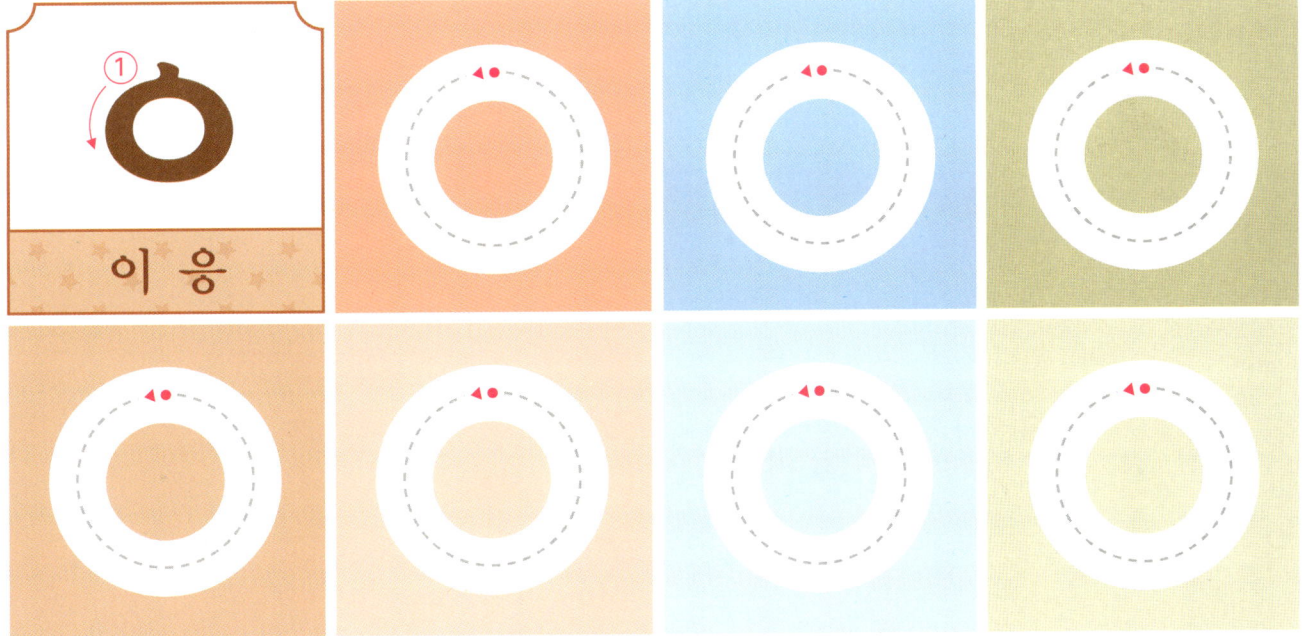

날짜 : 월 일

'ㅈ' 학습

매우잘함 잘함 보통

🎲 'ㅈ'(지읒)이 들어간 그림을 찾아 예쁘게 색칠해 보세요.

🎲 'ㅈ'(지읒)을 읽고, 바르게 써 보세요.

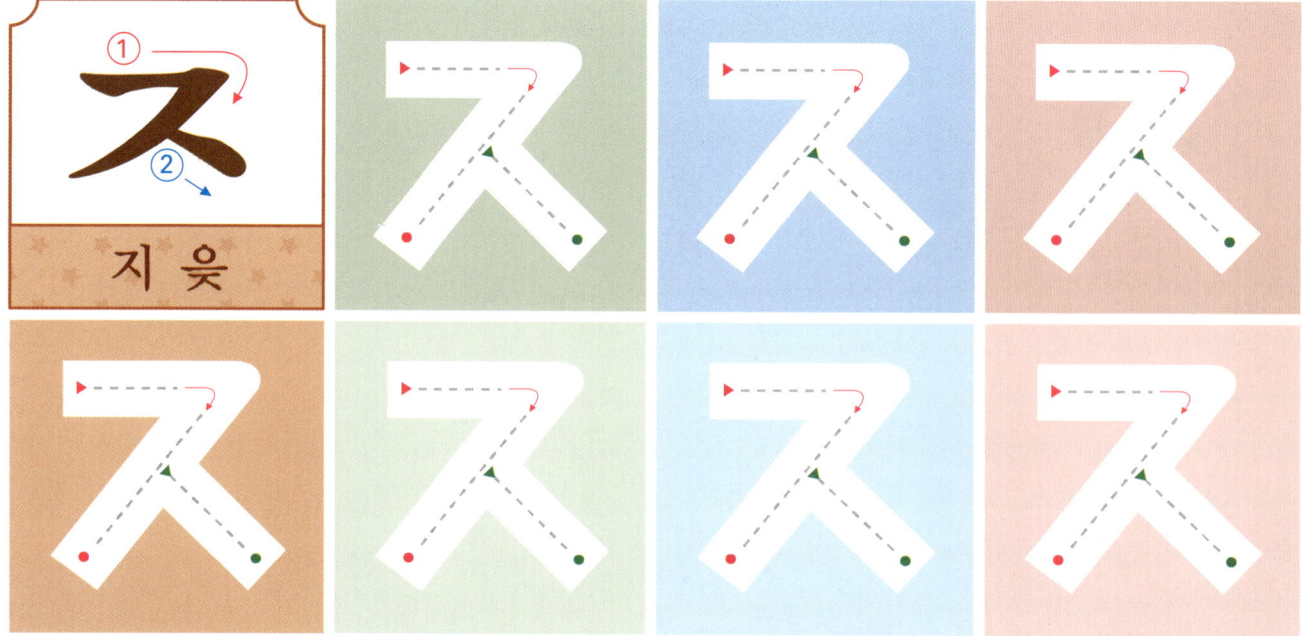

'ㅊ' 학습

🎲 그림의 이름에 'ㅊ'(치읓)이 들어 있는 그림을 찾아 길을 따라가 보세요.

🎲 'ㅊ'(치읓)을 읽고, 바르게 써 보세요.

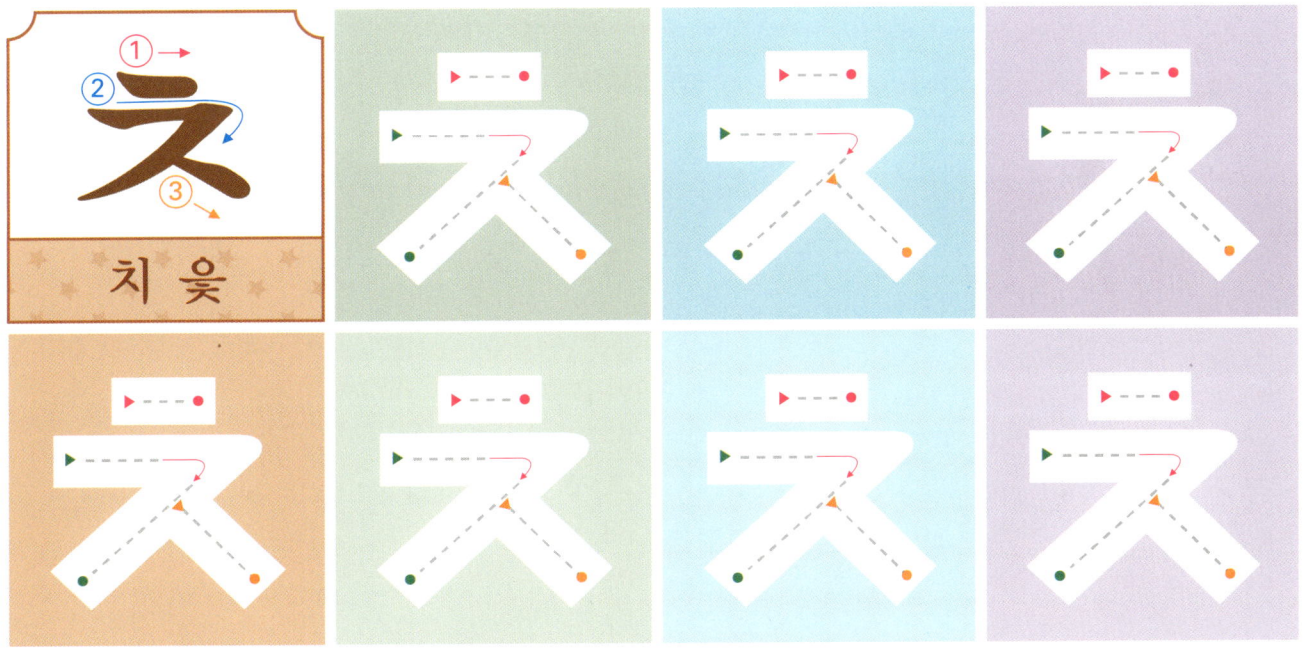

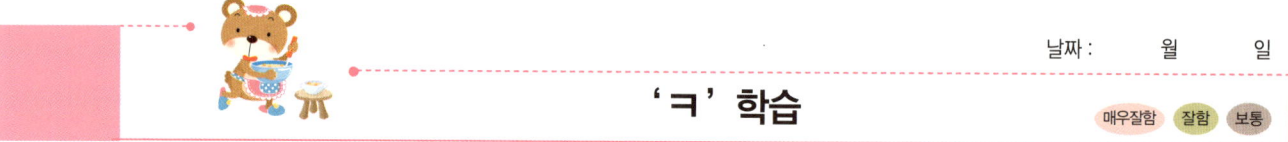

'ㅋ' 학습

🎲 그림의 이름을 읽어 보세요.

카드　커피　카메라
키위　쿠키

🎲 'ㅋ'(키읔)을 읽고, 바르게 써 보세요.

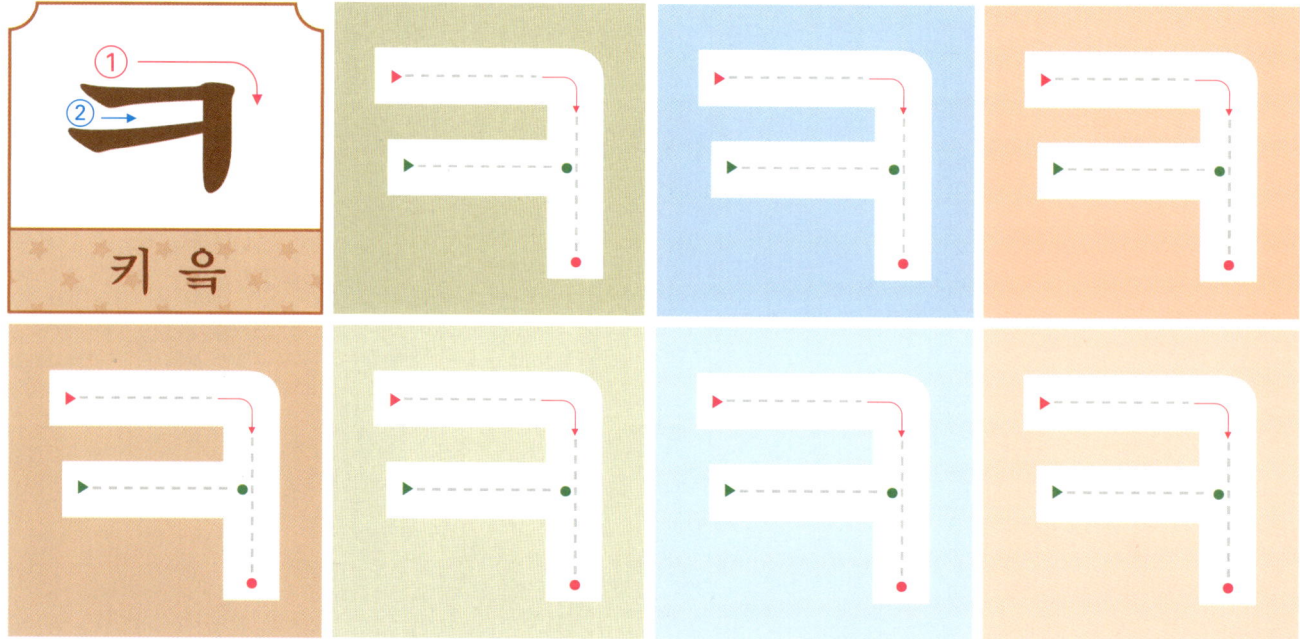

'ㅌ' 학습

날짜 :   월   일

매우잘함 잘함 보통

🎲 그림에 공통으로 들어 있는 낱자에 ◯ 해 보세요.

🎲 'ㅌ'(티읕)을 읽고, 바르게 써 보세요.

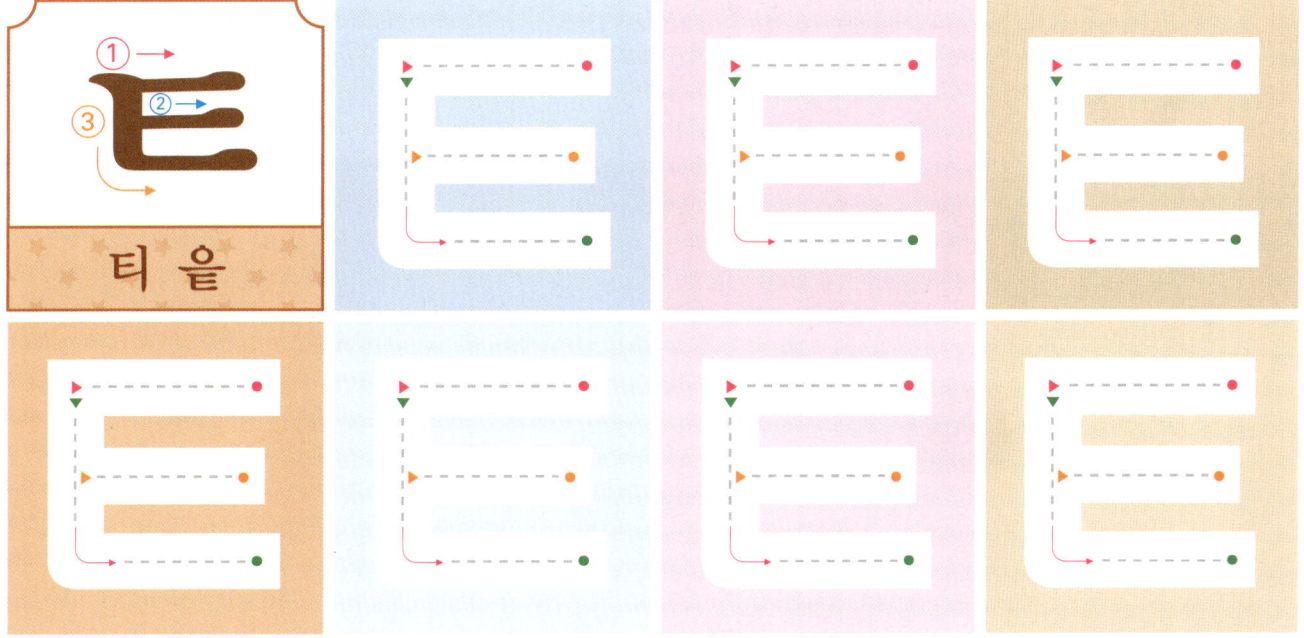

날짜: 월 일

'ㅍ' 학습

매우잘함 잘함 보통

🎲 그림을 보고, 이름에 공통으로 들어 있는 낱자를 써 보세요.

🎲 'ㅍ'(피읖)을 읽고, 바르게 써 보세요.

'ㅎ' 학습

날짜 :   월   일

🎲 그림의 이름을 읽어 보세요.

- 호두
- 하마
- 하모니카
- 호박
- 할머니

🎲 'ㅎ'(히읗)을 읽고, 바르게 써 보세요.

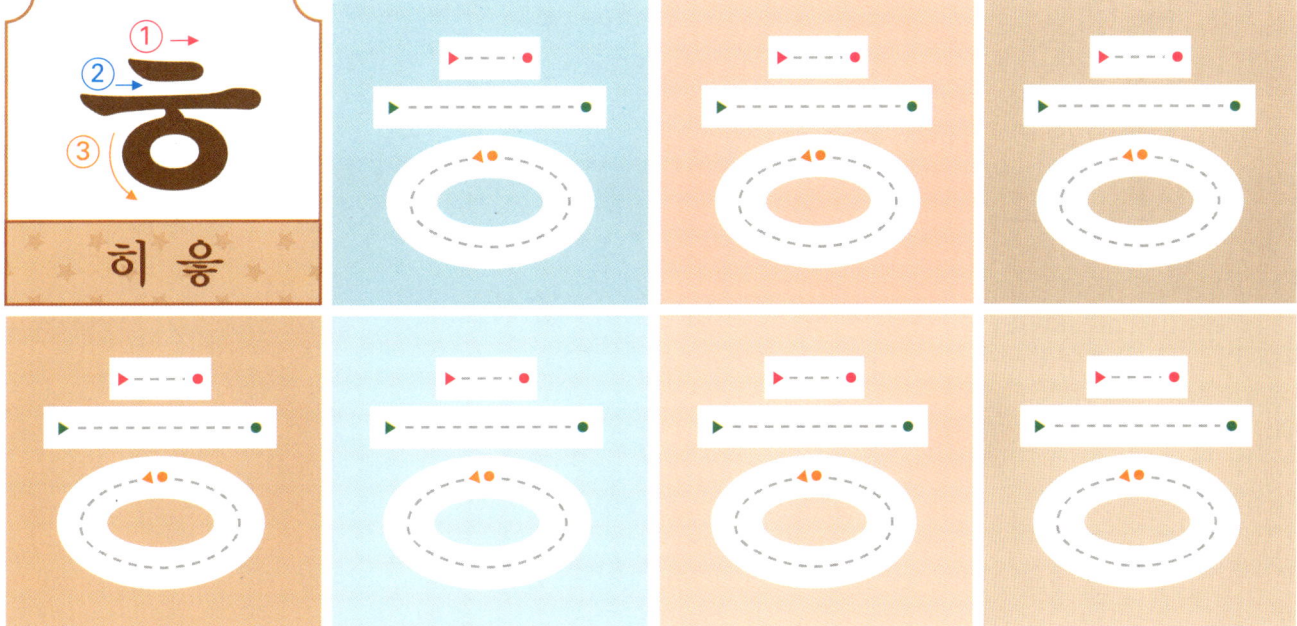

히읗

'ㅏ' 학습

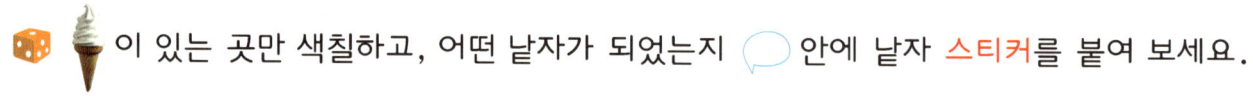

🎲 🍦이 있는 곳만 색칠하고, 어떤 낱자가 되었는지 💬 안에 낱자 스티커를 붙여 보세요.

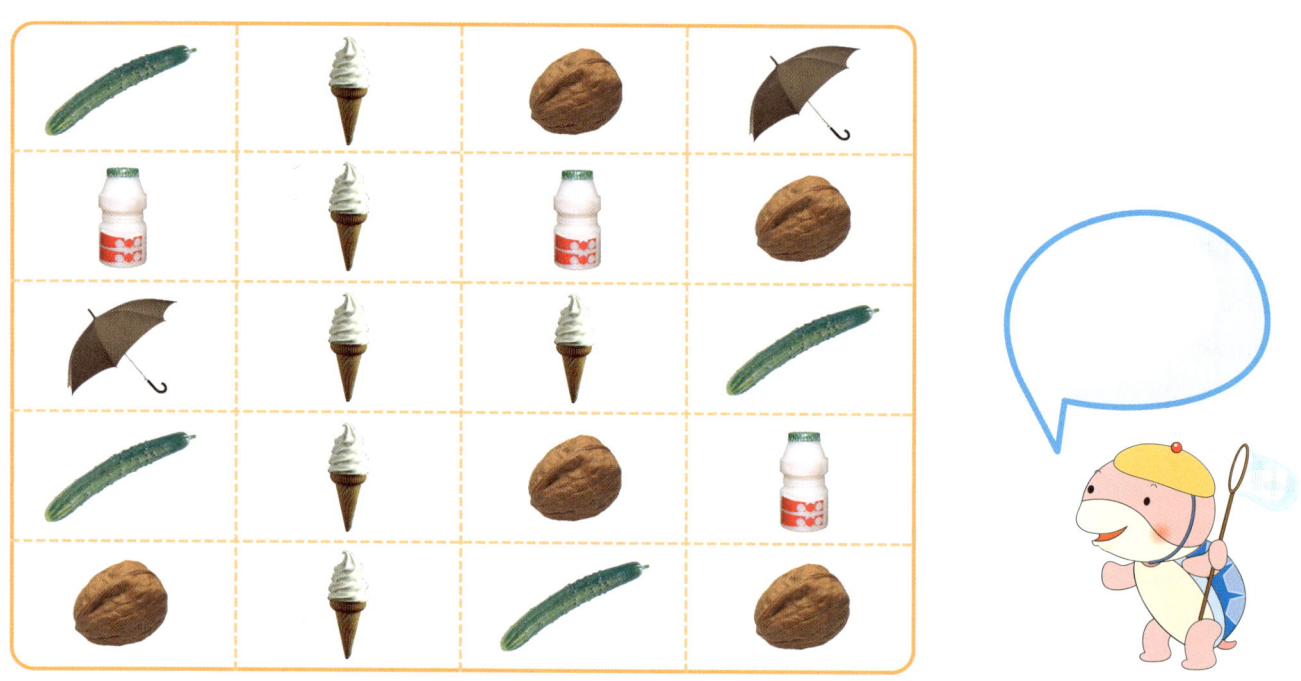

🎲 'ㅏ'(아)를 읽으면서 바르게 써 보세요.

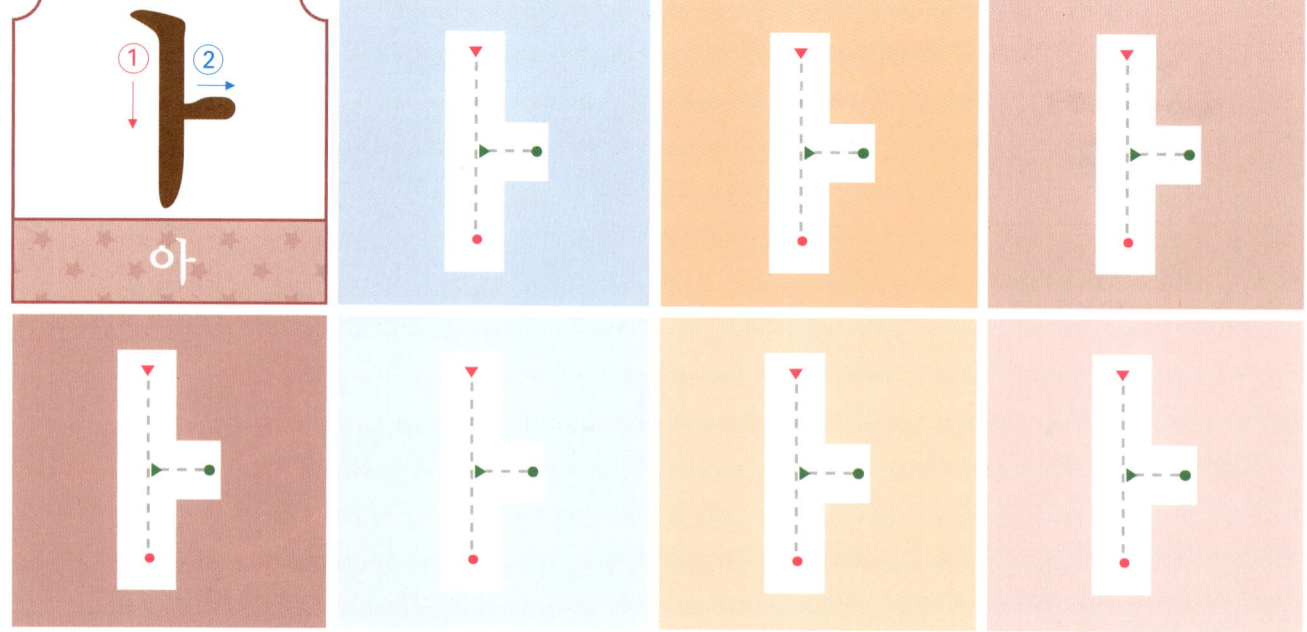

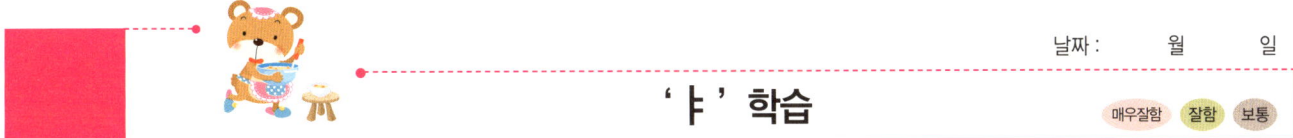

'ㅑ' 학습

🎲 그림을 보고, 공통으로 들어 있는 낱자를 써 보세요.

🎲 'ㅑ'(야)를 읽으면서 바르게 써 보세요.

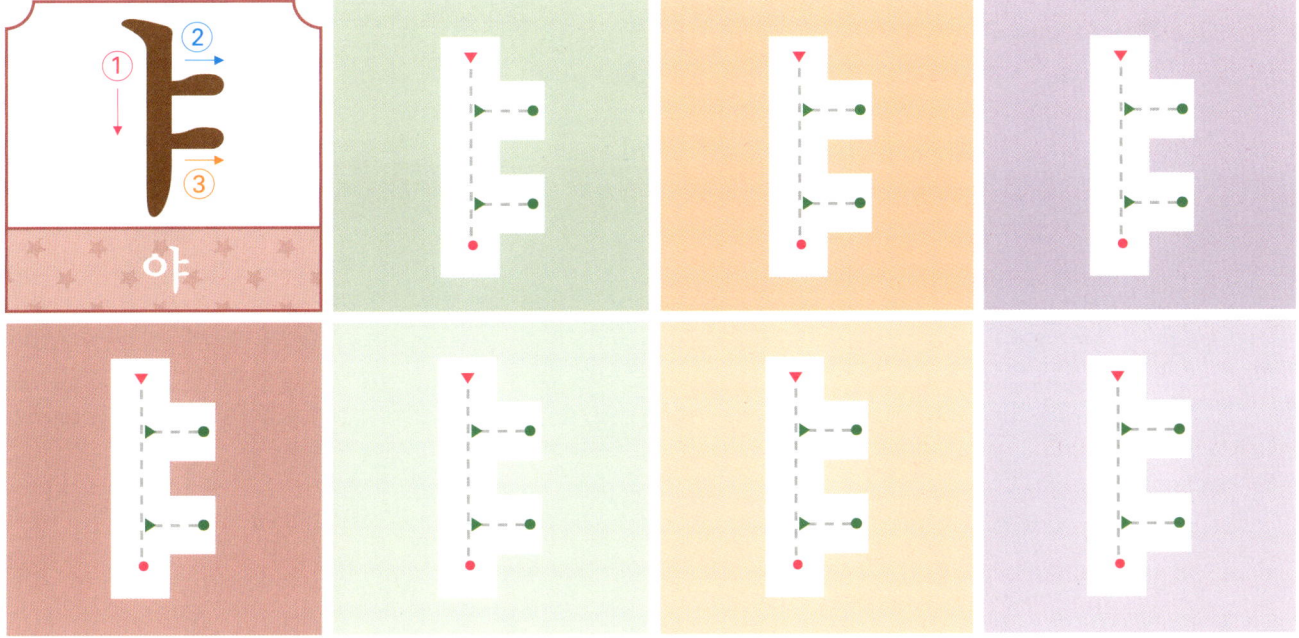

'ㅓ' 학습

🎲 그림을 보고, 'ㅓ'(어)가 들어 있는 낱말을 읽어 보세요.

🎲 'ㅓ'(어)를 읽으면서 바르게 써 보세요.

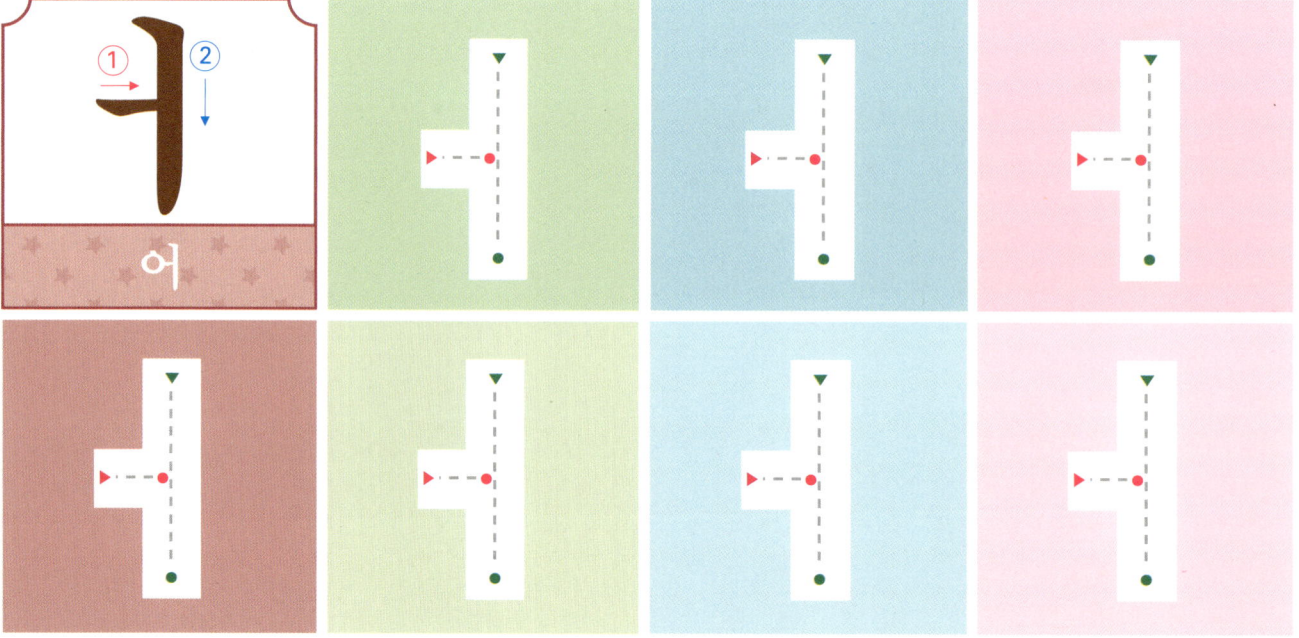

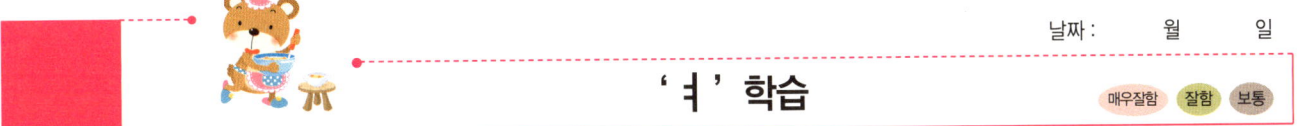

'ㅕ' 학습

🎲 그림을 보고, 'ㅕ'(여)가 들어 있는 낱말을 찾아 ◯해 보세요.

🎲 'ㅕ'(여)를 읽으면서 바르게 써 보세요.

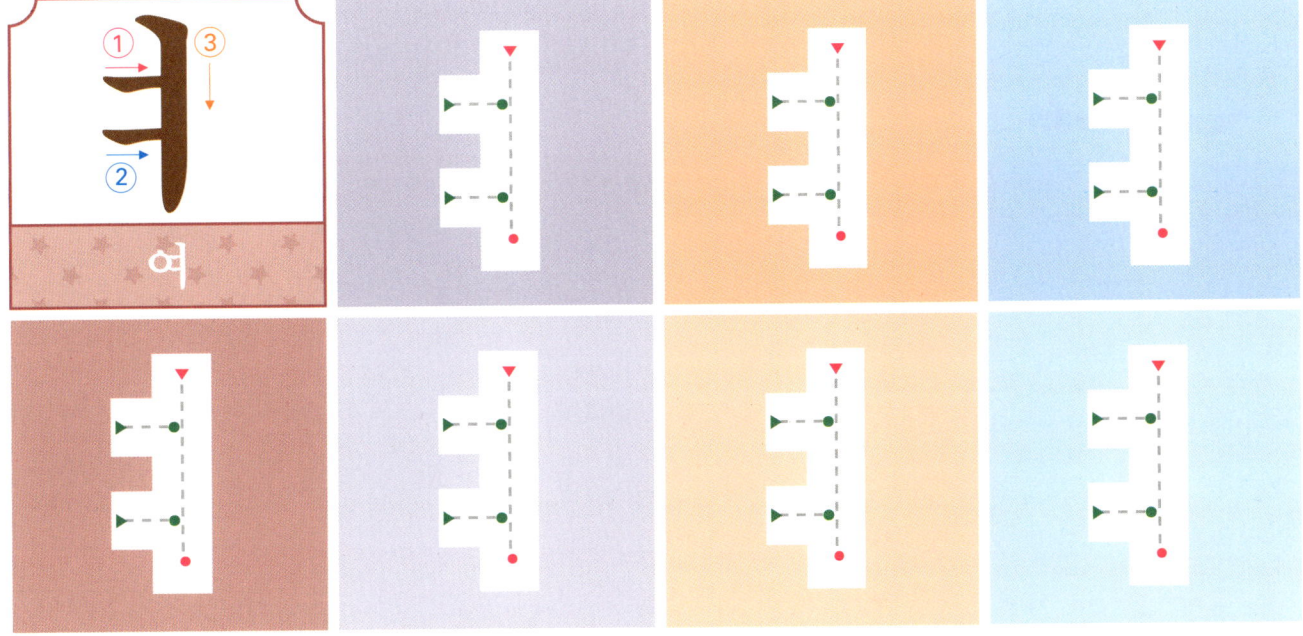

날짜 :   월   일

'ㅗ' 학습

매우잘함 잘함 보통

🎲 그림을 보고, 'ㅗ'(오)라고 쓰여진 그림을 찾아 예쁘게 색칠해 보세요.

🎲 'ㅗ'(오)를 읽으면서 바르게 써 보세요.

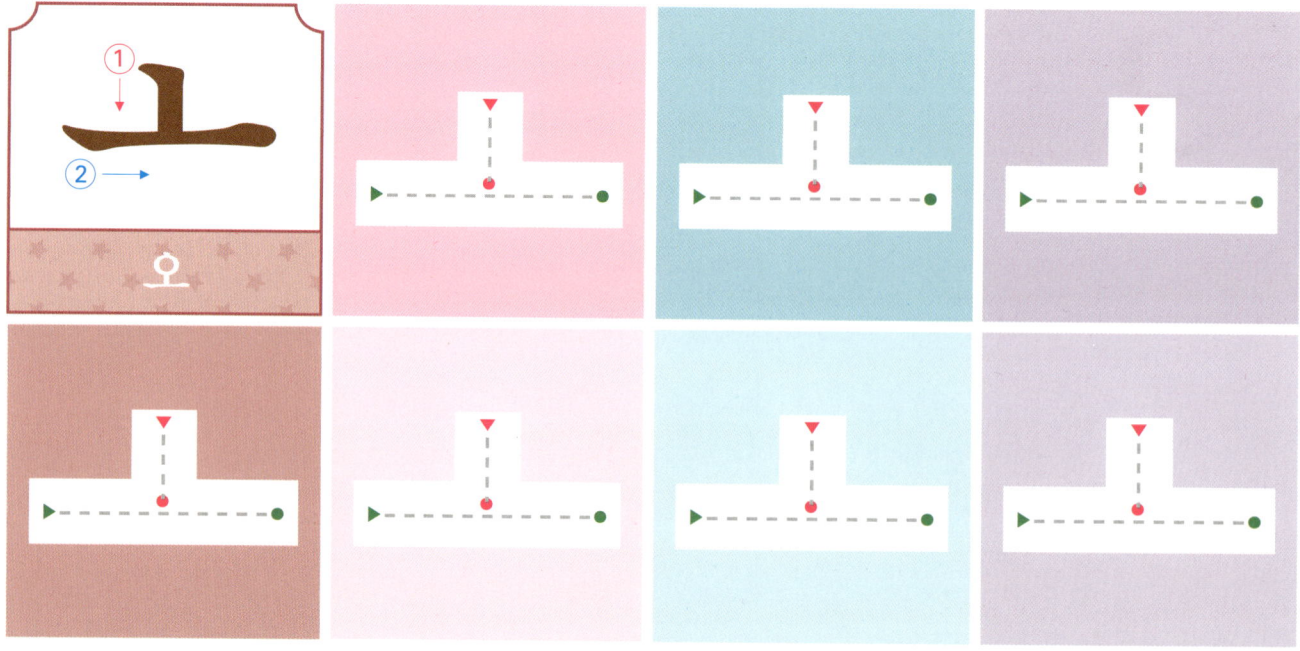

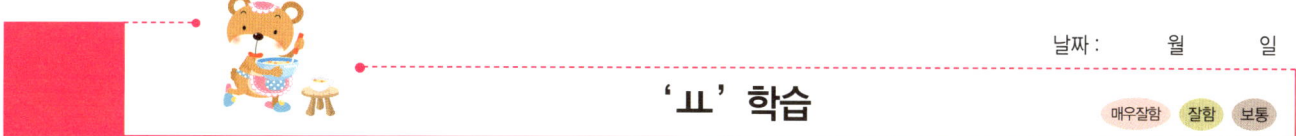

'ㅛ' 학습

🎲 'ㅛ'(요)라고 쓰여진 그림을 찾아 예쁘게 색칠해 보세요.

🎲 'ㅛ'(요)를 읽으면서 바르게 써 보세요.

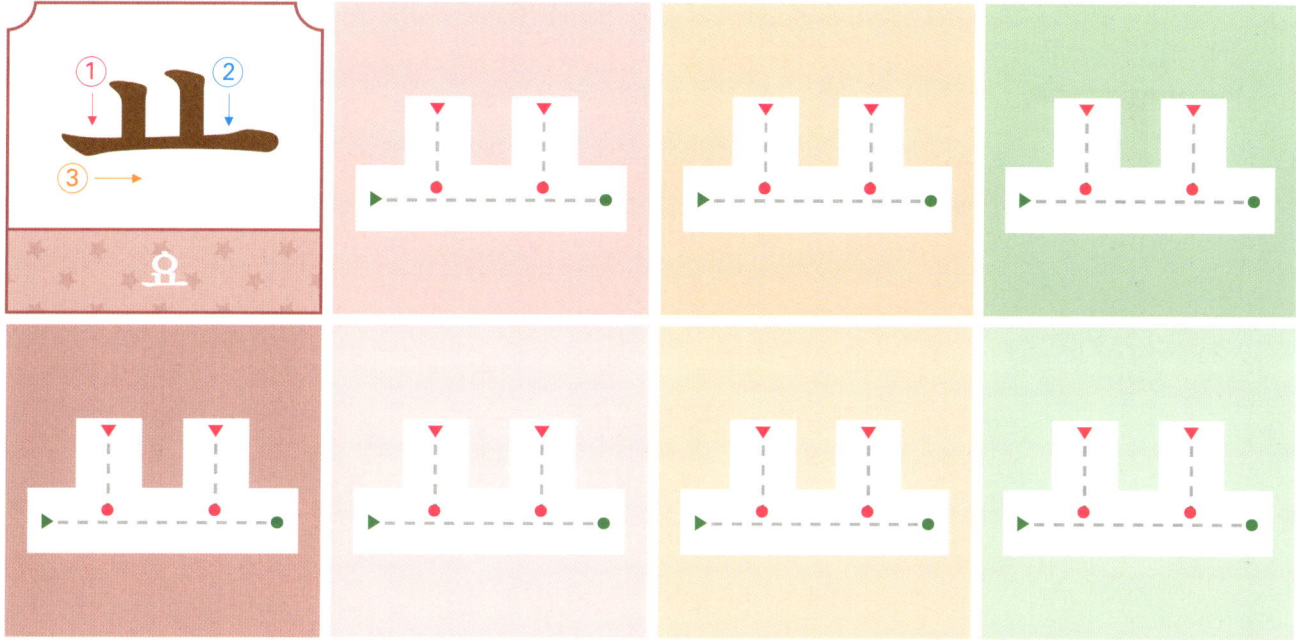

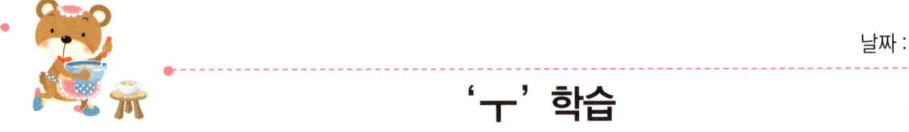

'ㅜ' 학습

🎲 그림을 보고, 세 낱자 중 다른 낱자를 찾아 ◯ 해 보세요.

🎲 'ㅜ'(우)를 읽으면서 바르게 써 보세요.

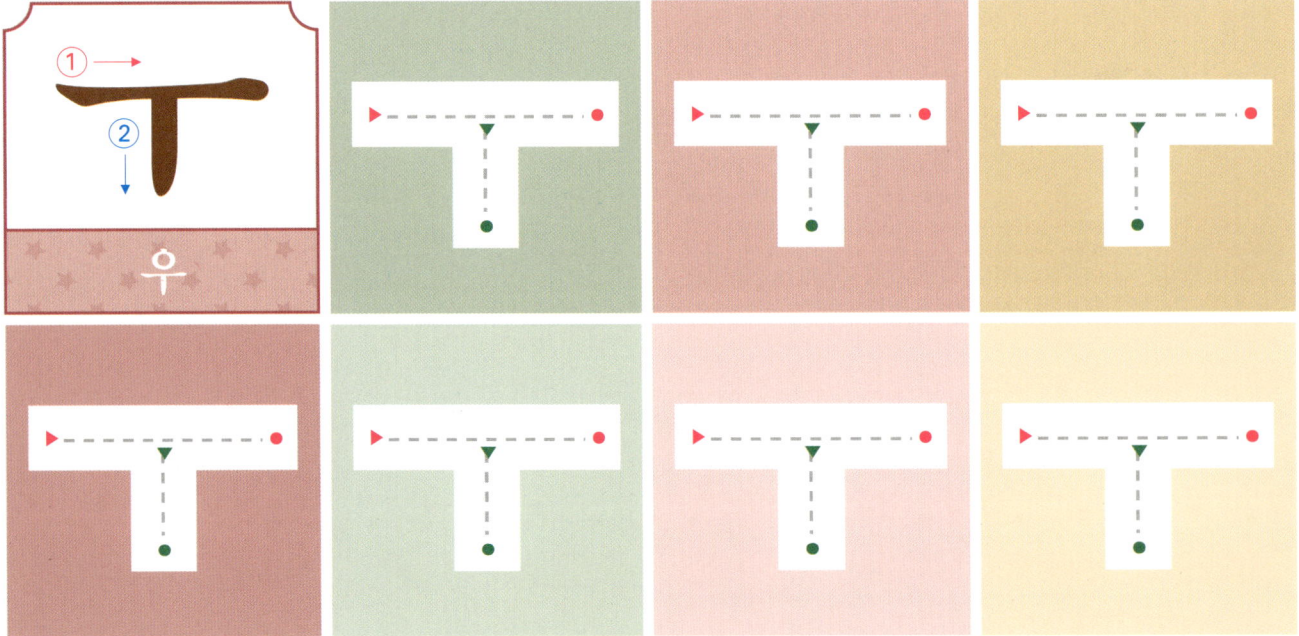

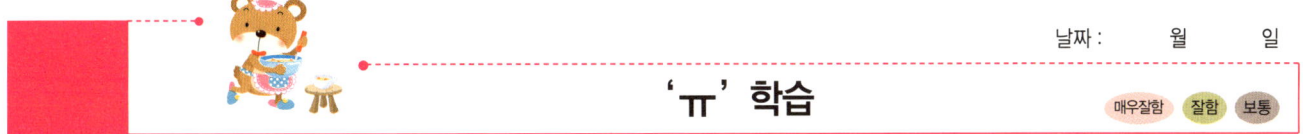

'ㅠ' 학습

🎲 그림을 보고, 'ㅠ'(유)가 들어 있는 낱말을 읽어 보세요.

유자차

유모차

우유

🎲 'ㅠ'(유)를 읽으면서 바르게 써 보세요.

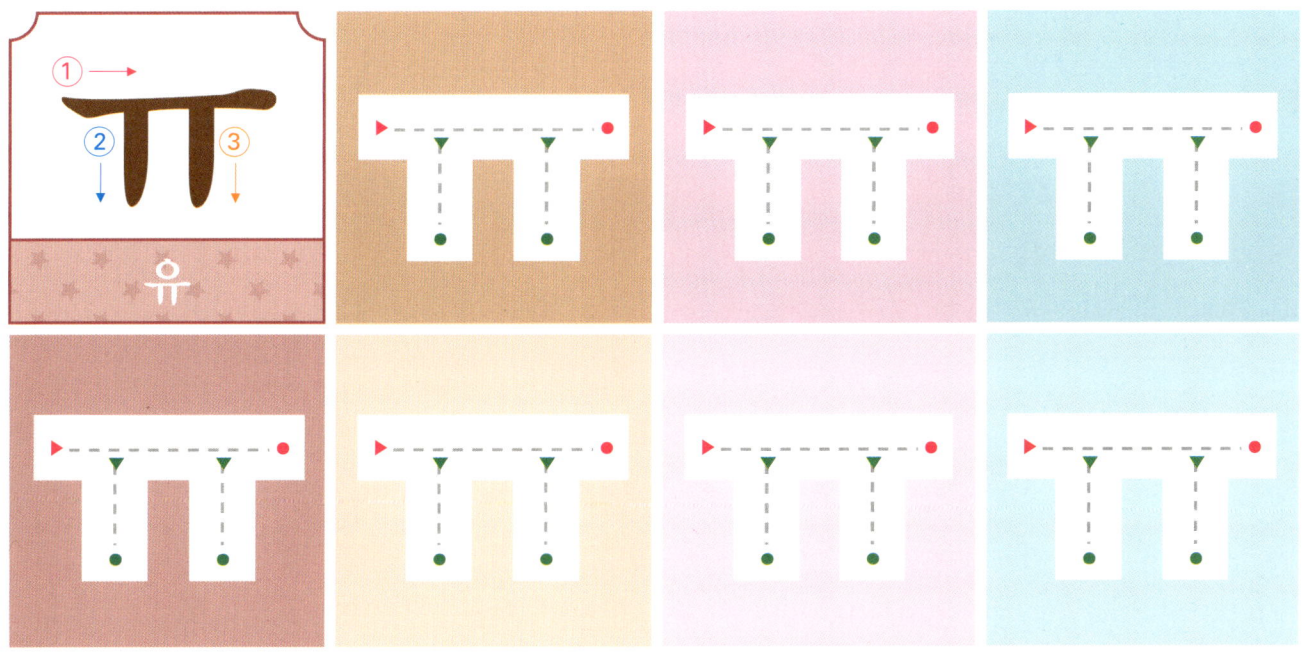

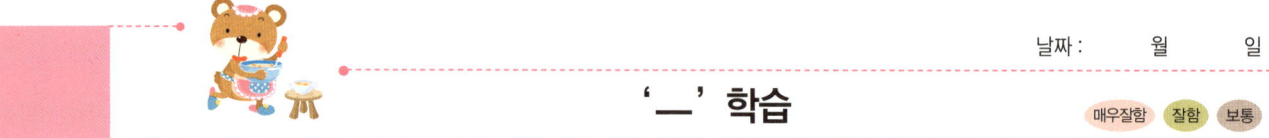

'ㅡ' 학습

🎲 빨랫줄에 널린 옷 중에 'ㅡ'(으)가 쓰인 옷에 색칠을 하세요.

🎲 'ㅡ'(으)를 읽으면서 바르게 써 보세요.

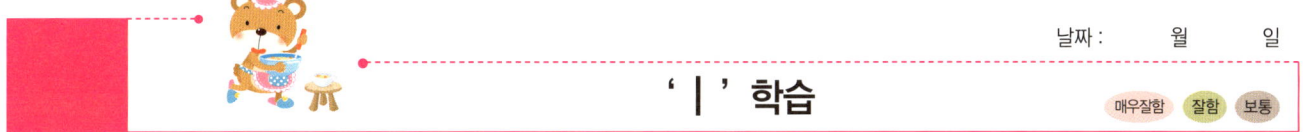

'ㅣ' 학습

🎲 풍선에 그려진 'ㅣ'(이)를 찾아 예쁘게 색칠해 보세요.

🎲 'ㅣ'(이)를 읽으면서 바르게 써 보세요.

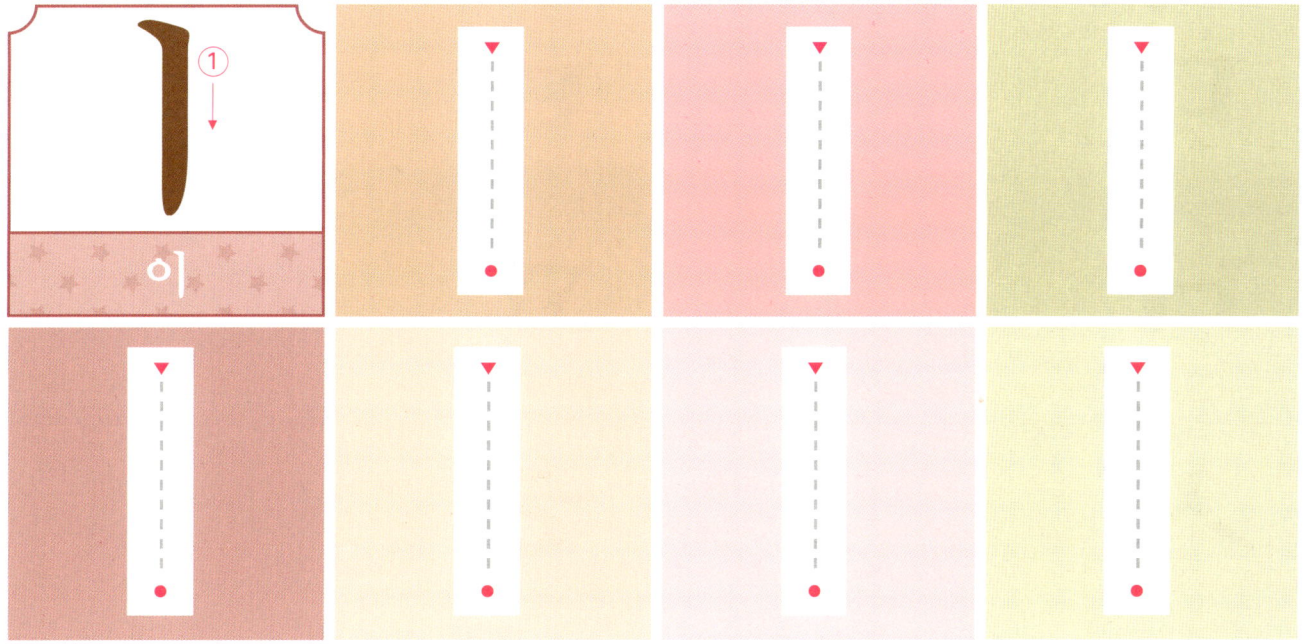

날짜: 월 일

자음 쓰기

🎲 'ㄱ'에서 'ㅎ'까지 자음을 바르게 써 보세요.

ㄱ 기역	ㄱ	ㄱ	ㅇ 이응	ㅇ	ㅇ
ㄴ 니은	ㄴ	ㄴ	ㅈ 지읒	ㅈ	ㅈ
ㄷ 디귿	ㄷ	ㄷ	ㅊ 치읓	ㅊ	ㅊ
ㄹ 리을	ㄹ	ㄹ	ㅋ 키읔	ㅋ	ㅋ
ㅁ 미음	ㅁ	ㅁ	ㅌ 티읕	ㅌ	ㅌ
ㅂ 비읍	ㅂ	ㅂ	ㅍ 피읖	ㅍ	ㅍ
ㅅ 시옷	ㅅ	ㅅ	ㅎ 히읗	ㅎ	ㅎ

날짜: 월 일

모음 쓰기

🎲 'ㅏ'에서 'ㅣ'까지 모음을 바르게 써 보세요.

ㅏ	ㅑ	ㅓ	ㅕ	ㅗ

ㅛ	ㅜ	ㅠ	ㅡ	ㅣ

2 단계 31

날짜 : 월 일

'가' 익히기

매우잘함 잘함 보통

동물친구들이 잡은 물고기에 있는 낱말을 모두 찾아 스티커를 붙여 보세요.

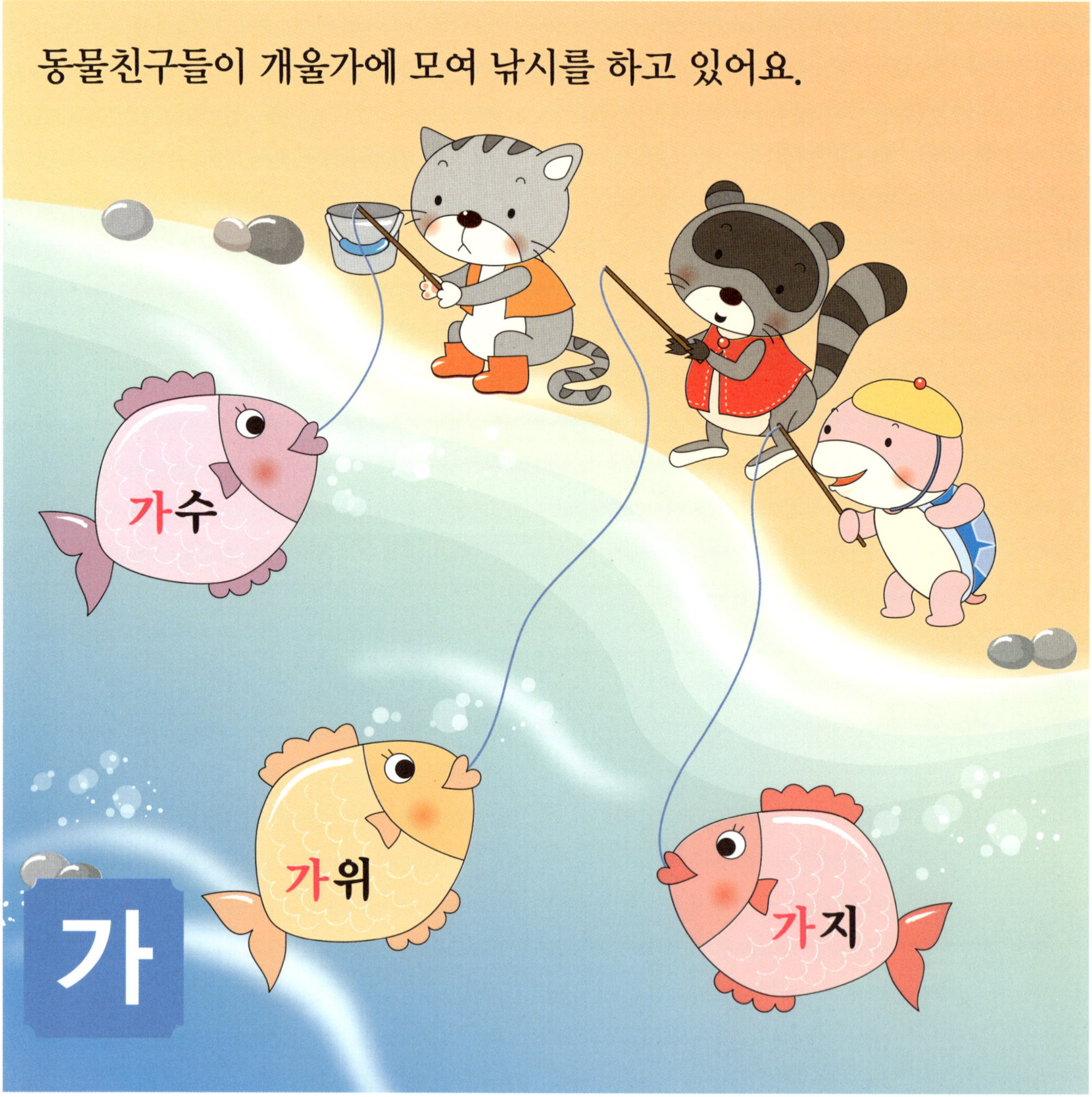

동물친구들이 개울가에 모여 낚시를 하고 있어요.
가수
가위
가지
가

가수 가위 오이 가지 나무

날짜 :   월   일

'가' 쓰기

매우잘함 잘함 보통

🎲 낱말을 읽고, 알맞은 그림을 찾아 줄로 이어 보세요.

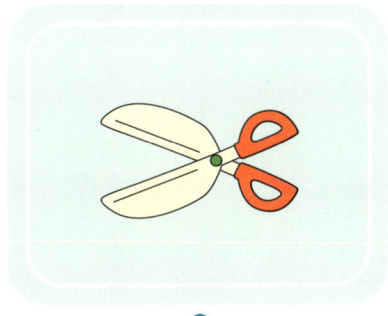

가수   가위   가지

🎲 '가'를 읽으면서 바르게 써 보세요.

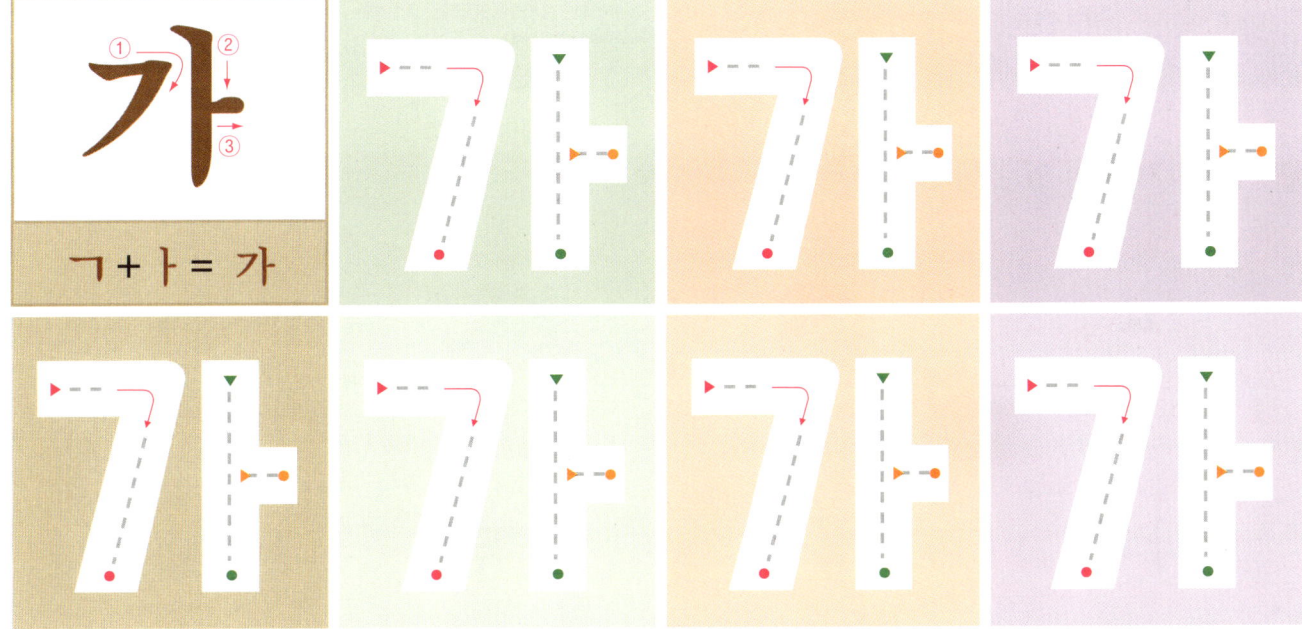

ㄱ + ㅏ = 가

날짜 : 월 일

'나' 익히기

매우잘함 잘함 보통

동물친구들이 도시락을 맛있게 먹고 있어요.

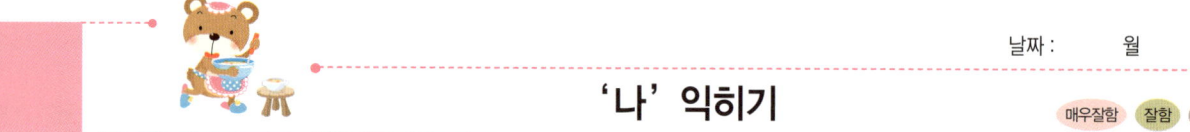

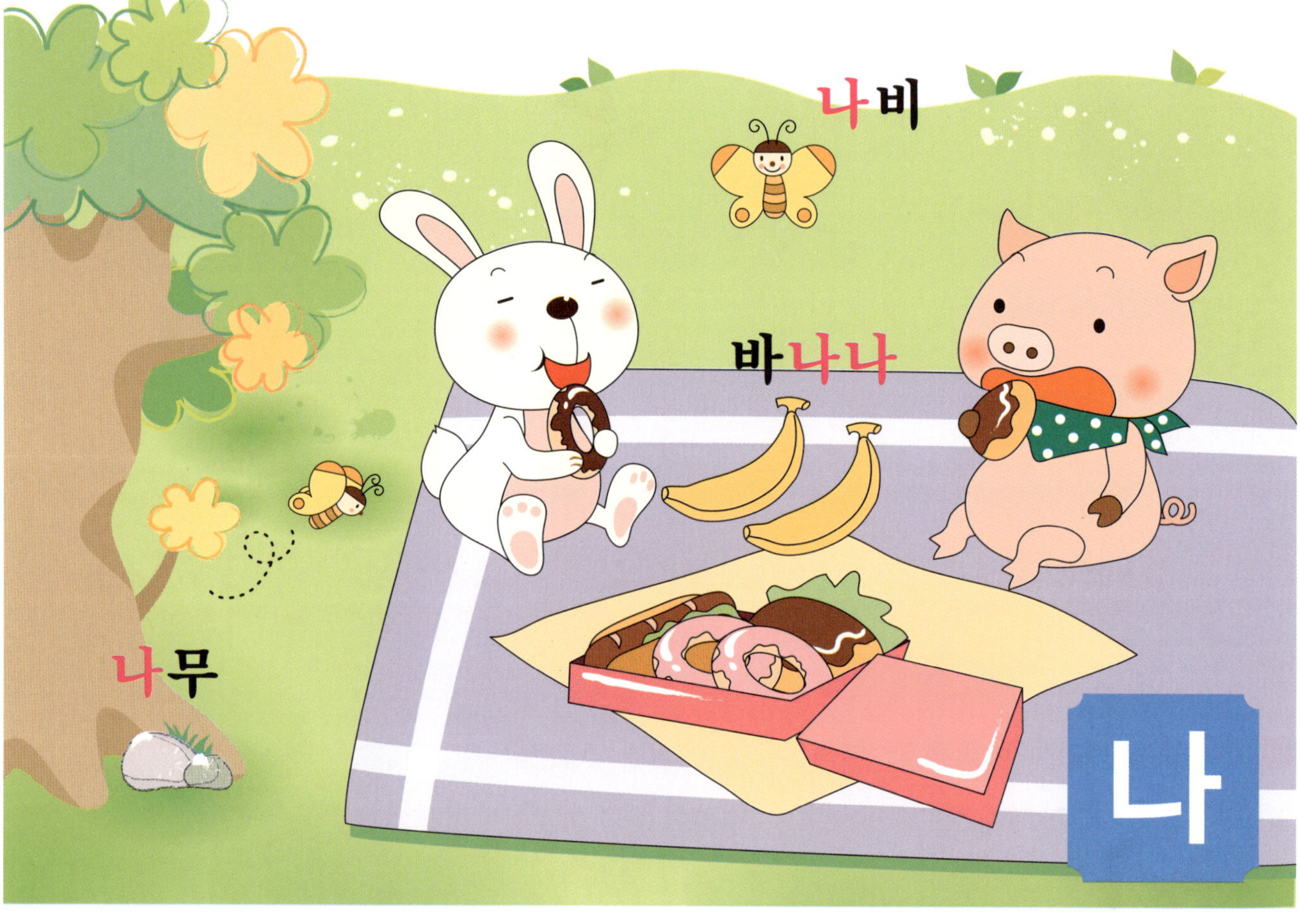

'나' 자가 들어 있는 낱말을 모두 찾아 ○해 보세요.

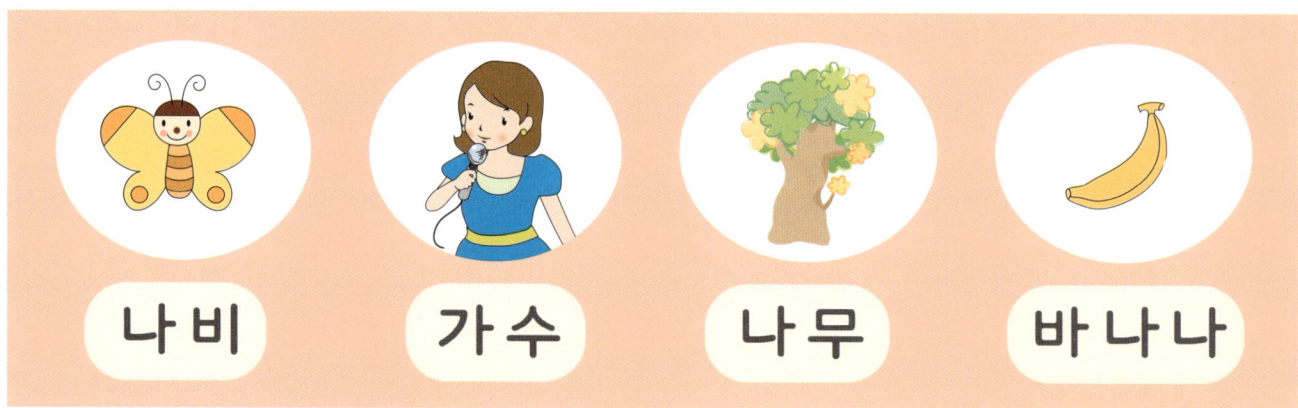

나비

가수

나무

바나나

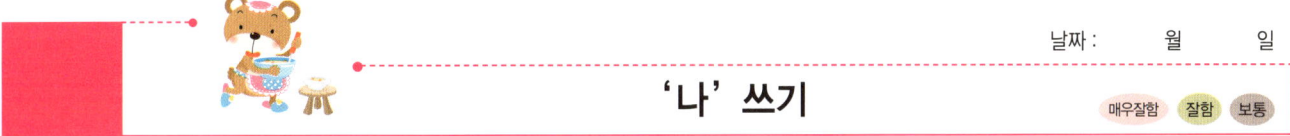

'나' 쓰기

날짜: 월   일

🎲 낱말을 읽고, 알맞은 그림을 찾아 줄로 이어 보세요.

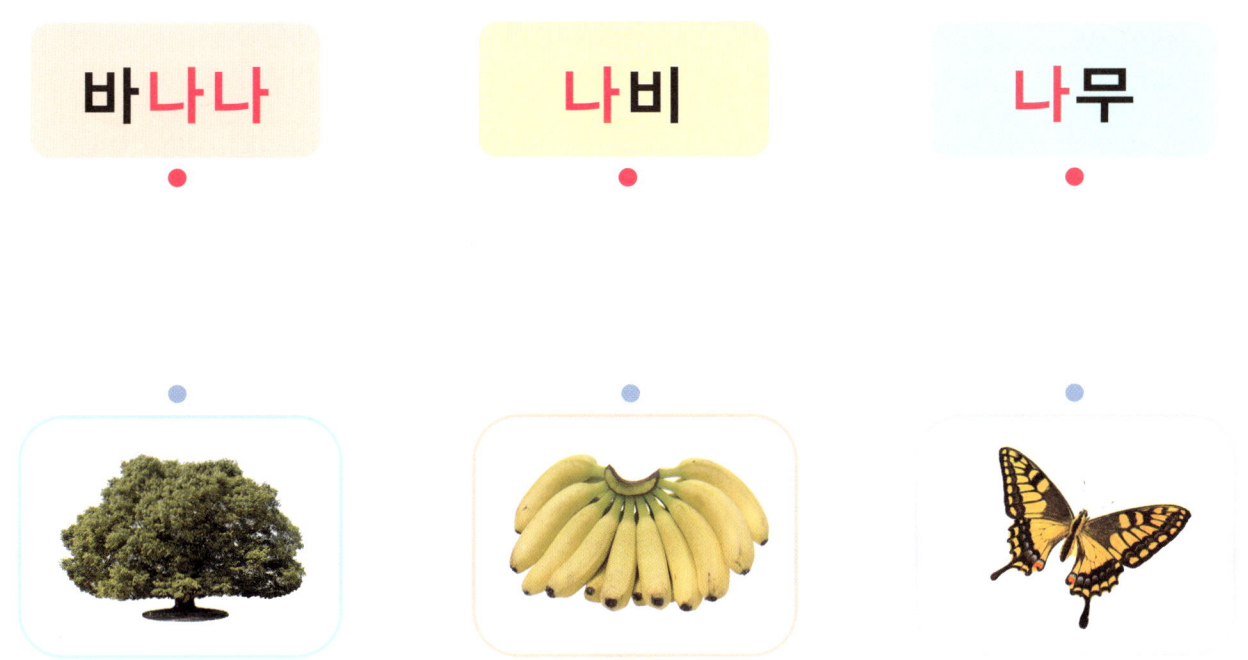

🎲 '나'를 읽으면서 바르게 써 보세요.

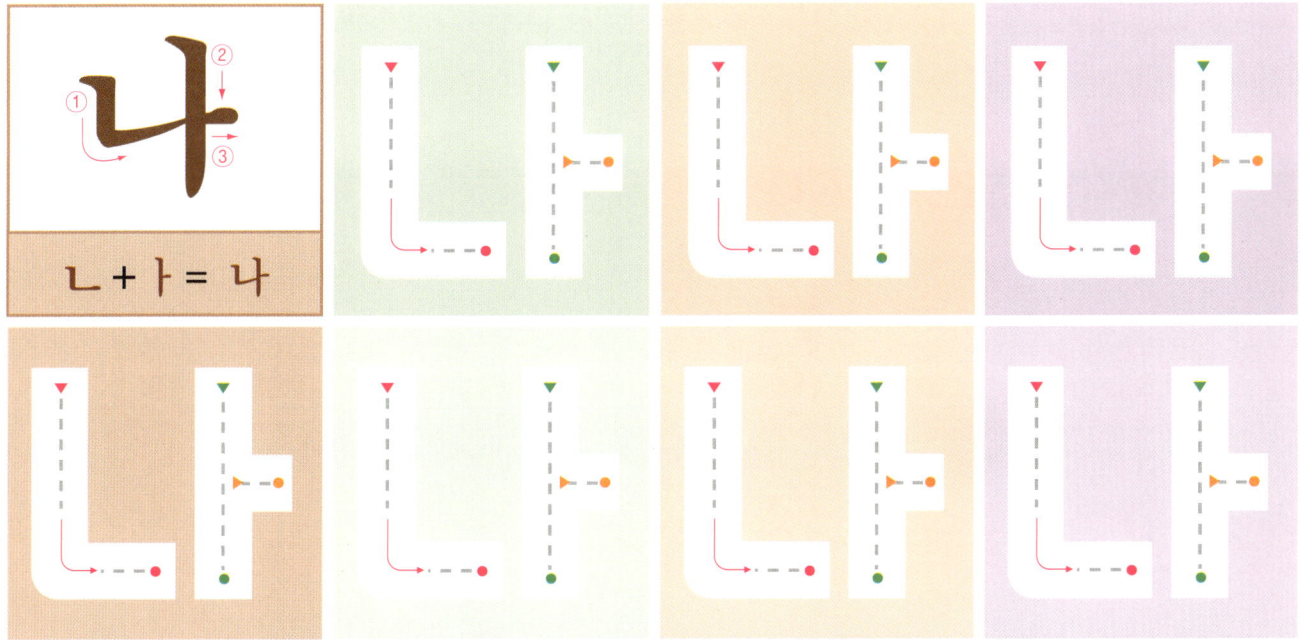

ㄴ + ㅏ = 나

날짜 : 월 일

'가' 다지기

매우잘함 잘함 보통

읽으면서 바르게 써 보세요.

가

가수

가지

가위

가	가	가	가	가
가	가	가	가	가
가	가	가	가	가
가	가	가	가	가
가	가	가	가	가

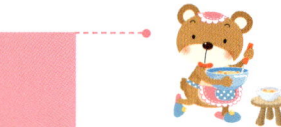

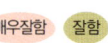

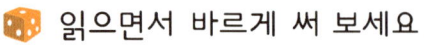

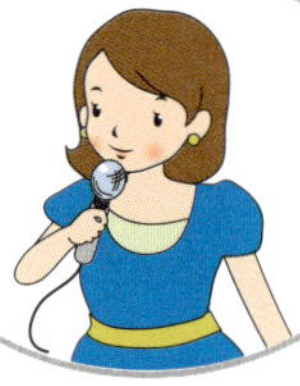

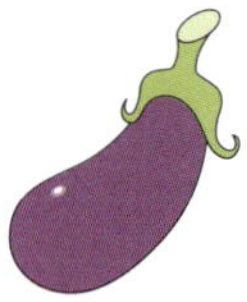

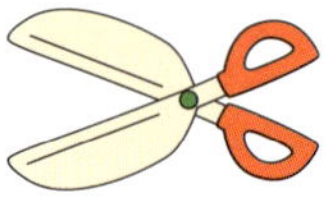

날짜 :   월   일

'나' 다지기

매우잘함 잘함 보통

🎲 읽으면서 바르게 써 보세요.

나

나비    바나나    나무

나	나	나	나	나
나	나	나	나	나
나	나	나	나	나
나	나	나	나	나
나	나	나	나	나

2 단계 37

날짜 : 월 일

'다' 익히기

매우잘함 잘함 보통

동물친구들은 다람쥐가 사는 나무에 가서 도토리를 주웠어요.

다람쥐
도토리
다

🎲 낱말의 빈 곳에 알맞은 낱자 스티커를 붙여 보세요.

○람쥐   ○리미   ○리

날짜 :   월   일

'다' 쓰기

🎲 그림의 이름을 찾아 줄로 이어 보세요.

다리미   사다리   다람쥐

🎲 '다'를 읽으면서 바르게 써 보세요.

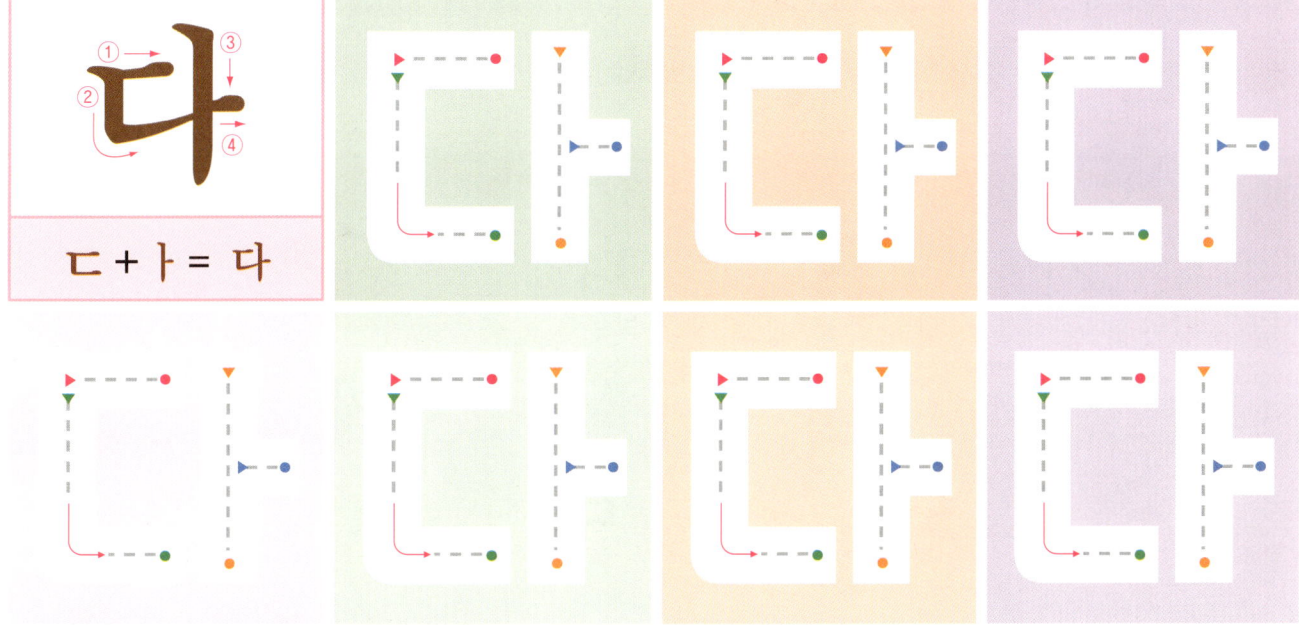

ㄷ + ㅏ = 다

2 단계 39

날짜: 월 일

'라' 익히기

매우잘함 잘함 보통

동물친구들이 바닷가에서 물놀이도 하고, 모래 놀이도 하며 즐거운 시간을 보냈어요.

파라솔
카메라
소라
라

🎲 '라' 자가 쓰여진 꽃을 모두 찾아 색칠해 보세요.

가 나 라 라

날짜: 월 일

'라' 쓰기

🎲 낱말을 읽고, 알맞은 그림을 찾아 줄로 이어 보세요.

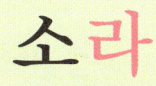   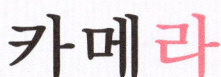   라디오

🎲 '라'를 읽으면서 바르게 써 보세요.

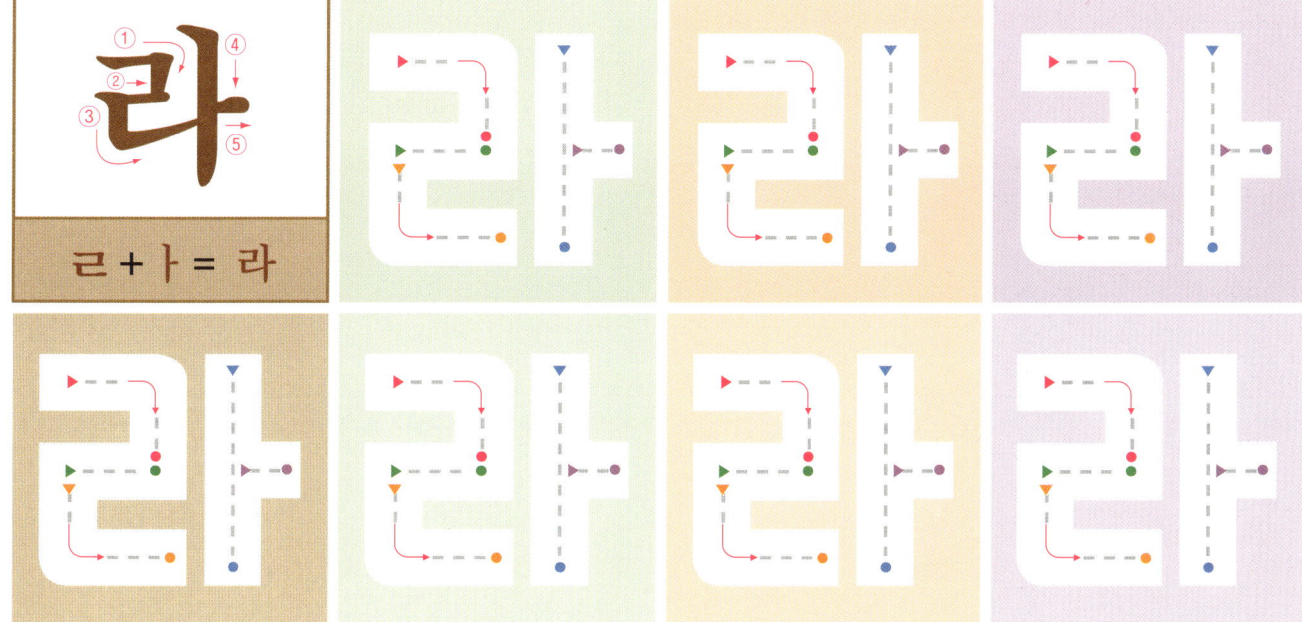

2 단계 41

날짜: 월 일

'다' 다지기

매우잘함 잘함 보통

🎲 읽으면서 바르게 써 보세요.

다리미   사다리   다람쥐

 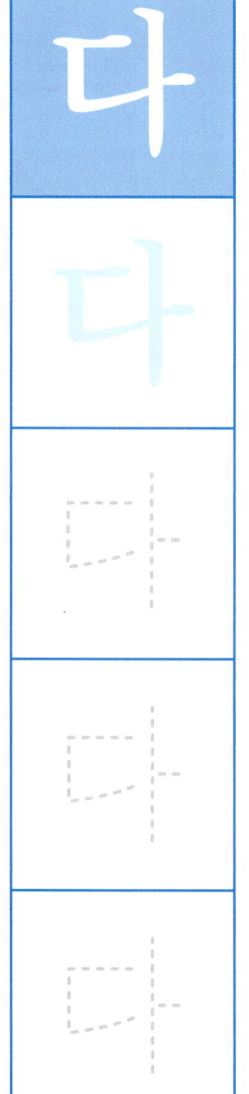 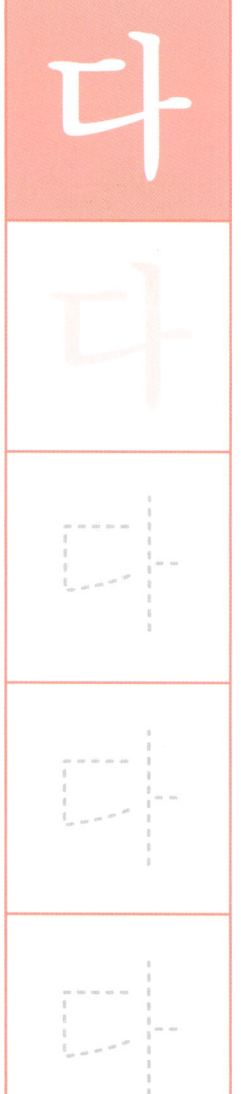 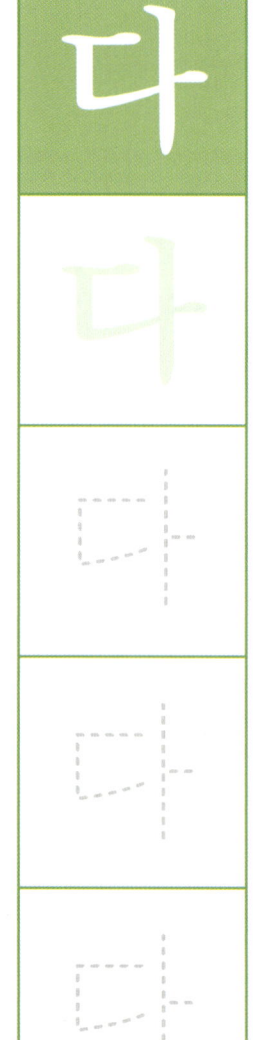 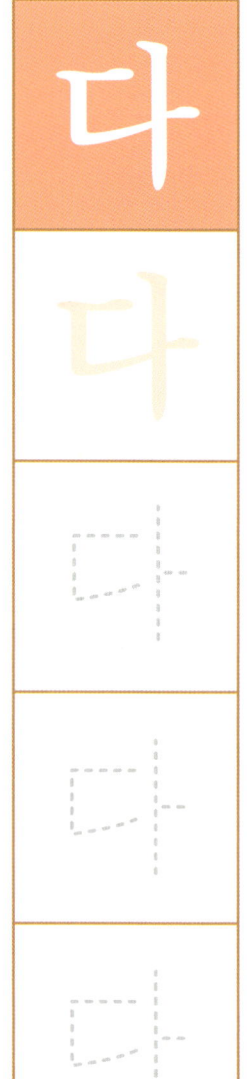

날짜 :   월   일

'라' 다지기

읽으면서 바르게 써 보세요.

라디오   라면   소라

날짜: 월 일

'가·나·다·라' 다지기

매우잘함 잘함 보통

🎲 '가·나·다·라'가 들어 있는 낱말을 찾아 ◯해 보세요.

가 | 가방 | 오이 | 가수

나 | 소라 | 나무 | 바나나

다 | 다리미 | 다리 | 기러기

라 | 라디오 | 오리 | 라면

날짜 :   월   일

'마' 익히기

매우잘함 잘함 보통

하마가 감기에 걸려서 마스크를 하고 친구들을 만났어요.

🎲 '**마**'자가 쓰여진 낱말을 찾아 ◯ 해 보세요.

마차   라면   하마   토마토

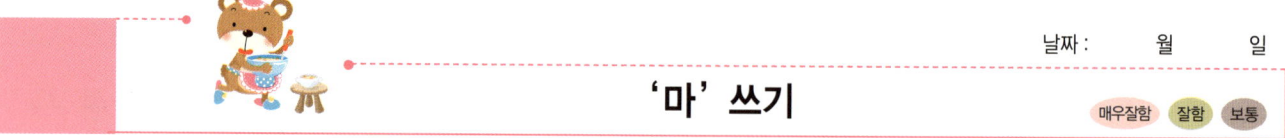

'마' 쓰기

🎲 ◯ 안에 알맞은 낱자 스티커를 붙이고, 그림의 이름을 찾아 줄로 이어 보세요.

토◯토   ◯차   하◯

🎲 '마'를 읽으면서 바르게 써 보세요.

ㅁ + ㅏ = 마

날짜 :   월   일

'바' 익히기

토끼가 바위에 걸려서 넘어졌어요. 친구들은 토끼가 걱정되어 약을 발라주었어요.

바구니
바위
바지
바

'**바**'자가 들어 있는 것을 찾아 ◯ 해 보세요.

바구니   마차   바퀴   라디오

'바' 쓰기

날짜: 월   일

매우잘함 잘함 보통

🎲 ● 안에 들어갈 알맞은 글자를 쓰고, 그림의 이름을 찾아 줄로 이어 보세요.

나나   구니   지

🎲 '바'를 읽으면서 바르게 써 보세요.

ㅂ + ㅏ = 바

날짜 : 월 일

'마' 다지기

매우잘함 잘함 보통

읽으면서 바르게 써 보세요.

마

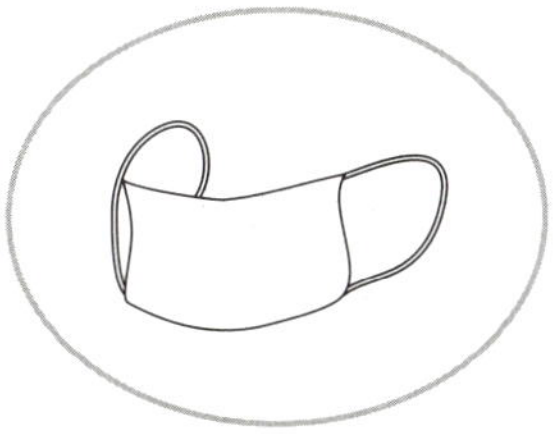

마스크

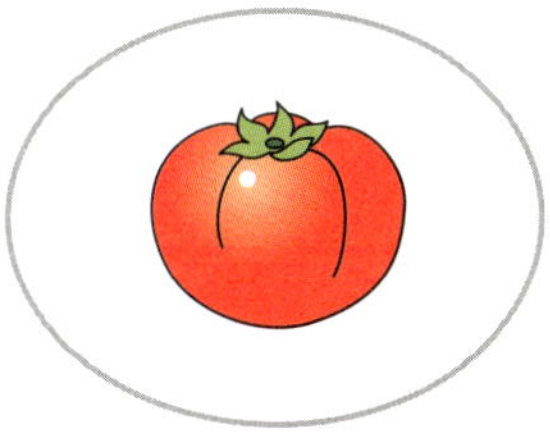

토마토

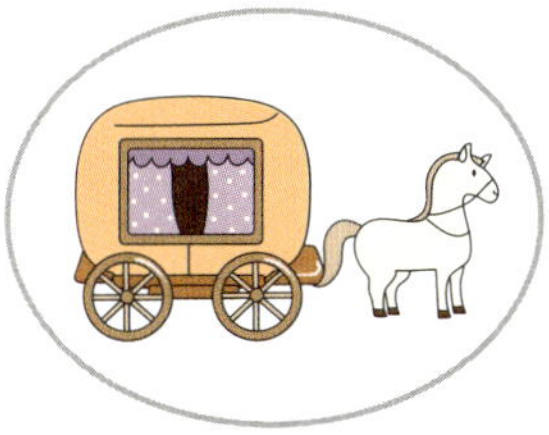

마차

마	마	마	마	마
마	마	마	마	마
마	마	마	마	마
마	마	마	마	마
마	마	마	마	마

날짜: 월   일

'바' 다지기

매우잘함 잘함 보통

🎲 읽으면서 바르게 써 보세요.

바 바구니  바지  바나나

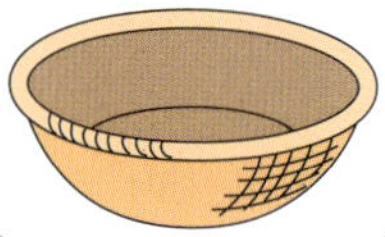

바	바	바	바	바
바	바	바	바	바
바	바	바	바	바
바	바	바	바	바
바	바	바	바	바

날짜: 월 일

'가~바' 다지기

매우잘함 잘함 보통

🎲 그림의 이름에 들어 있는 '**가~바**'를 찾아 줄로 이어 보세요.

 •   •
　　　　　　　　　　　　　라디오

 •   •
　　　　　　　　　　　　　다리미

 •   •
　　　　　　　　　　　　　가방

 •   •
　　　　　　　　　　　　　나비

 •   •
　　　　　　　　　　　　　토마토

 •   •
　　　　　　　　　　　　　바구니

날짜 : 월 일

'사' 익히기

매우잘함 잘함 보통

사슴이 친구들을 찾아왔어요. 다람쥐가 사슴에게 사과를 주었어요.

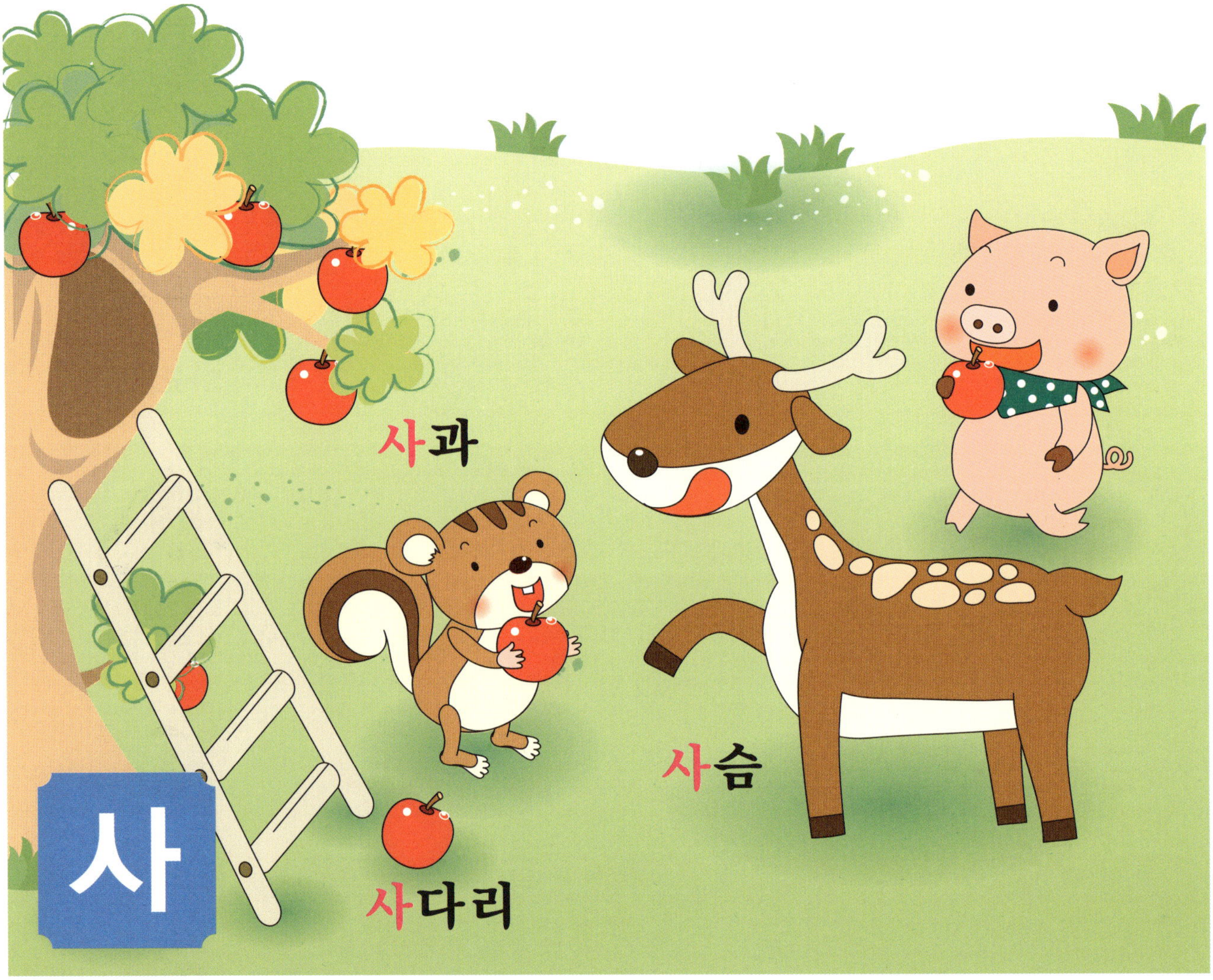

빈 곳에 알맞은 낱자 스티커를 붙여보세요.

○다리	○과	○슴

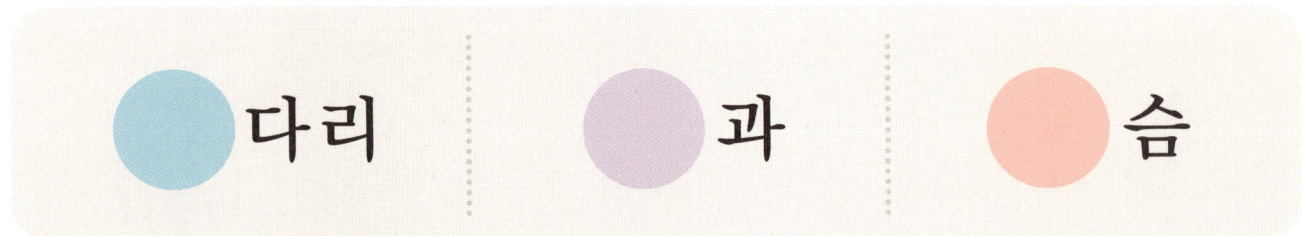

날짜 :   월   일

'사' 쓰기

매우잘함 잘함 보통

🎲 그림의 이름을 찾아 줄로 이어 보세요.

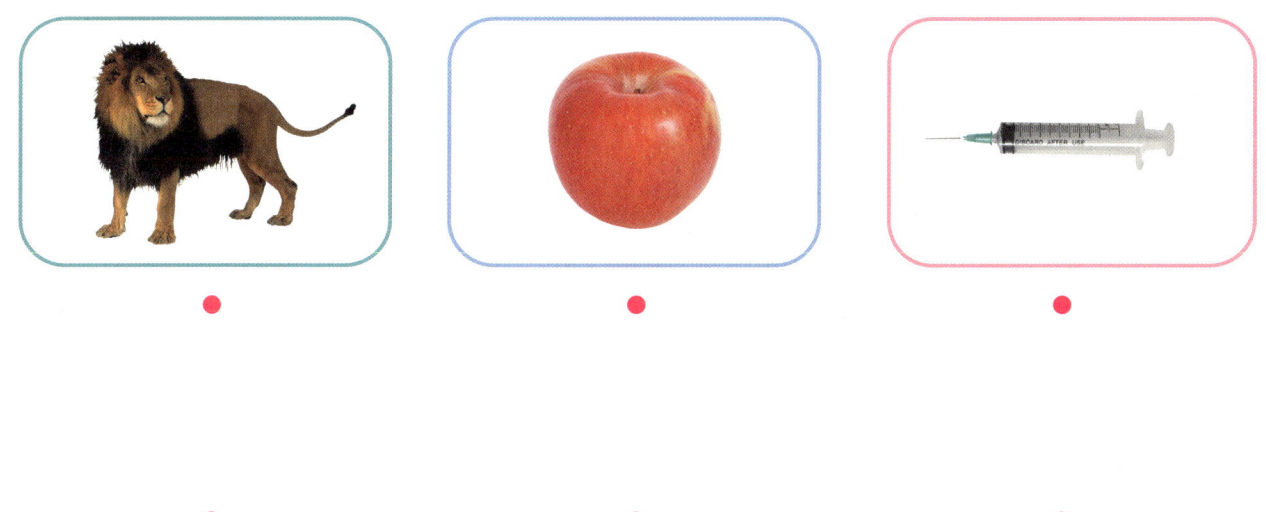

주사기   사자   사과

🎲 '사'를 읽으면서 바르게 써 보세요.

ㅅ + ㅏ = 사

2 단계 53

날짜 : 월 일

‘아’ 익히기

매우잘함 잘함 보통

토끼가 하마와 다람쥐에게 아이스크림을 나누어 주고 있었어요.

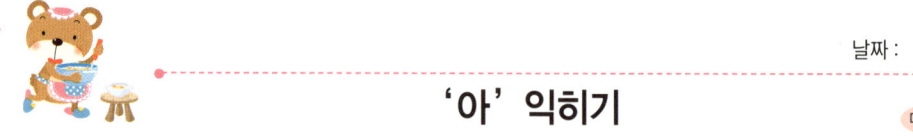

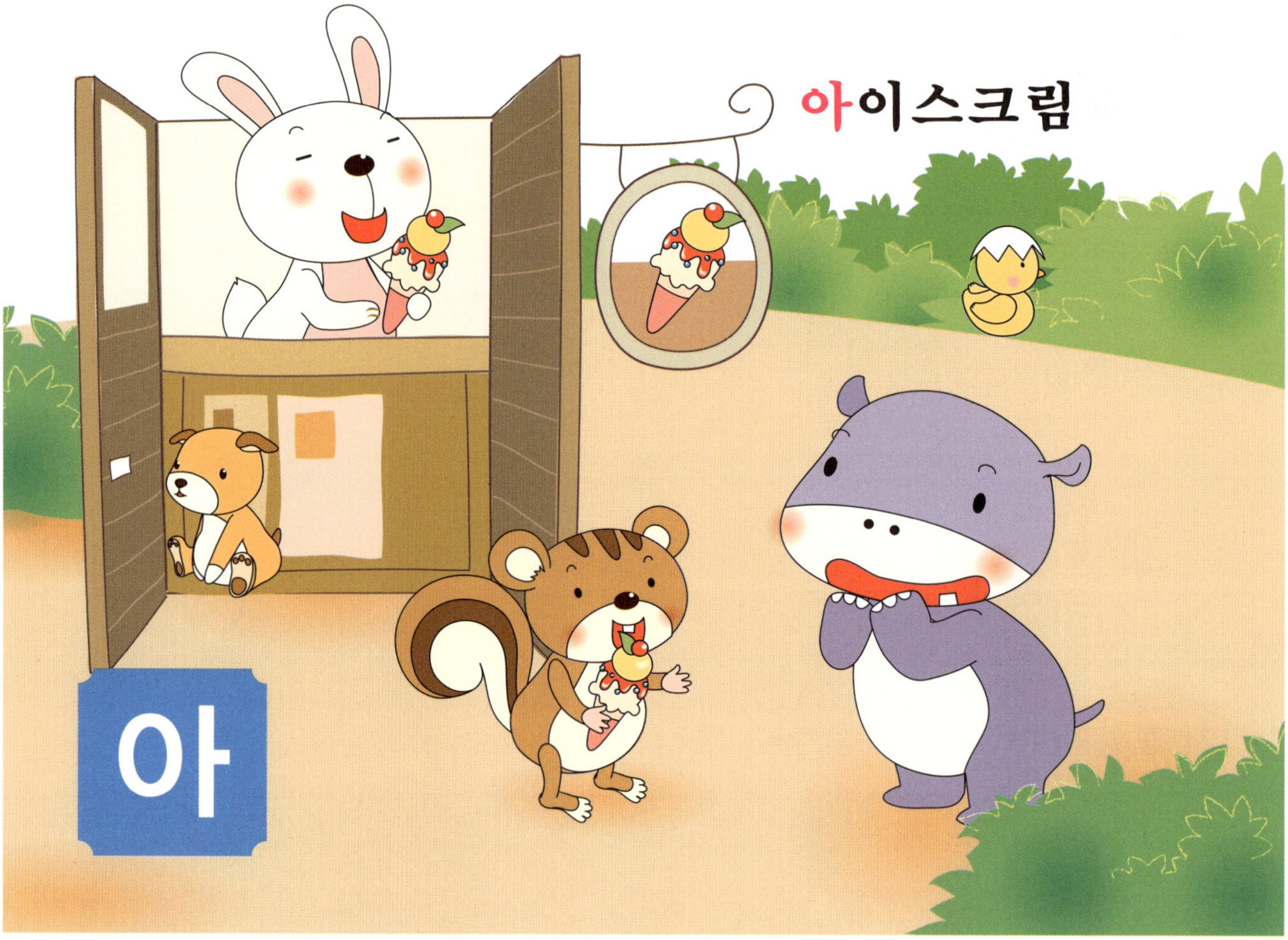

숨은그림을 찾아 ◯해 보세요.

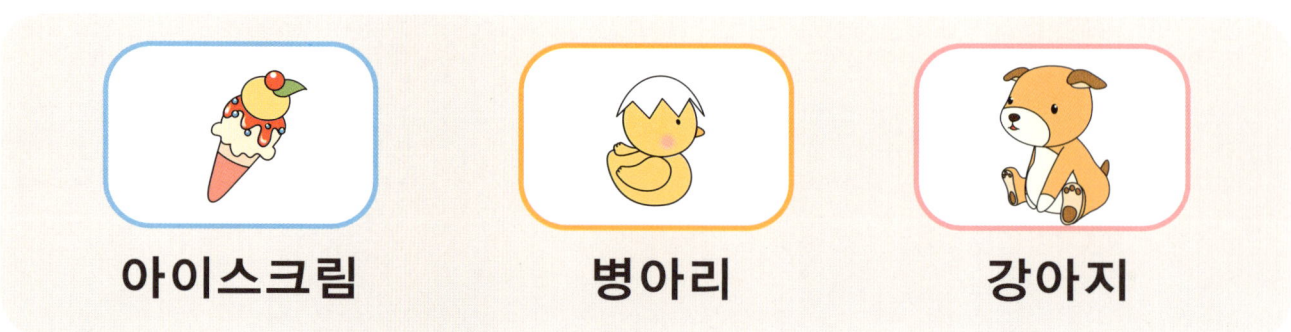

아이스크림

병아리

강아지

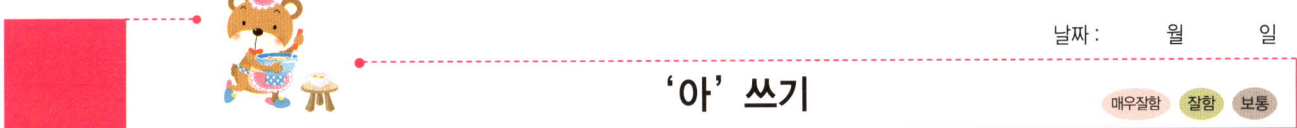

'아' 쓰기

🎲 빈 곳에 알맞은 그림 스티커를 붙여 보세요.

🎲 '아'를 읽으면서 바르게 써 보세요.

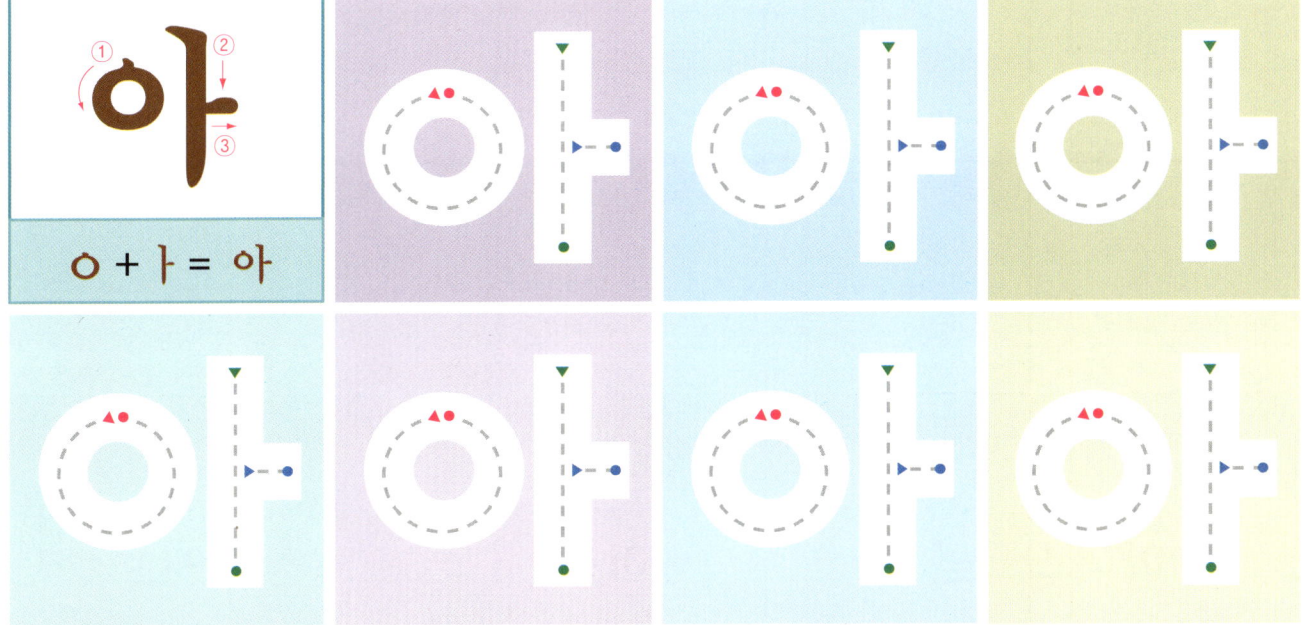

날짜 :   월   일

'사' 다지기

매우잘함 잘함 보통

🎲 읽으면서 바르게 써 보세요.

사과    사자    사슴

사	사	사	사	사
사	사	사	사	사
사	사	사	사	사
사	사	사	사	사
사	사	사	사	사

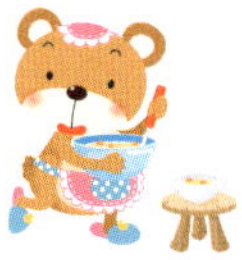

날짜 : 월 일

'아' 다지기

매우잘함 잘함 보통

읽으면서 바르게 써 보세요.

아

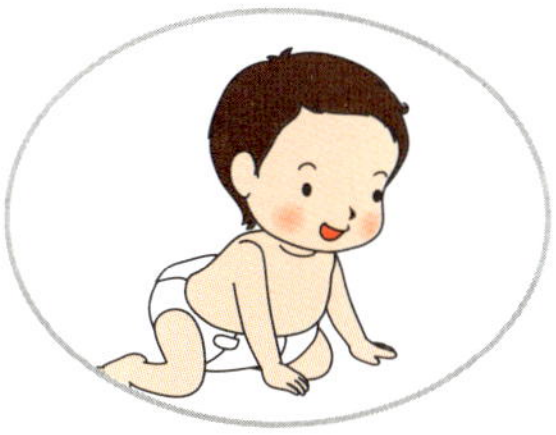

아기

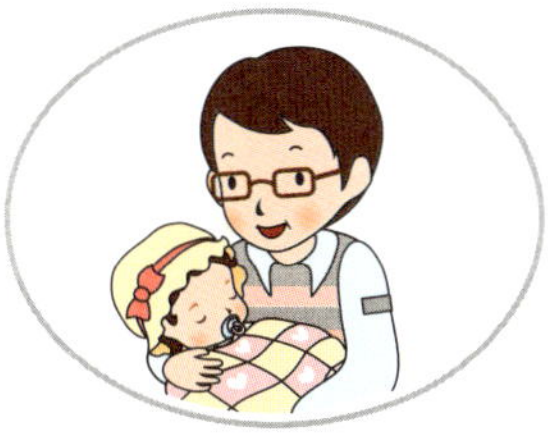

아버지

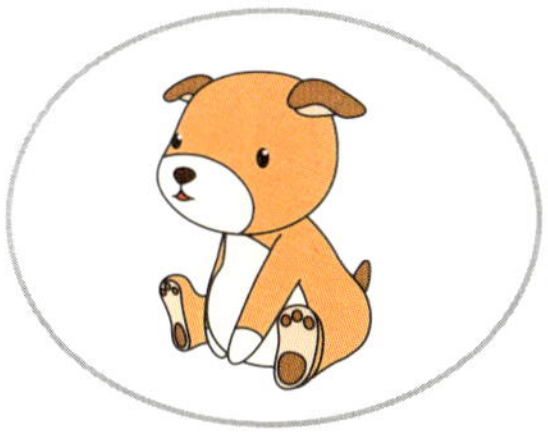

강아지

아	아	아	아	아
아	아	아	아	아
아	아	아	아	아
아	아	아	아	아
아	아	아	아	아

날짜: 월   일

'마·바·사·아' 다지기

🎲 그림을 보고, 이름에 '**마·바·사·아**'가 들어간 낱말을 바르게 이어 보세요.

마 •

바구니

바 •

사탕

사 •

아기

아 •

마이크

‘자’ 익히기

매우잘함　잘함　보통

다람쥐와 하마가 예쁜 모자를 쓰고 소풍을 갔어요.

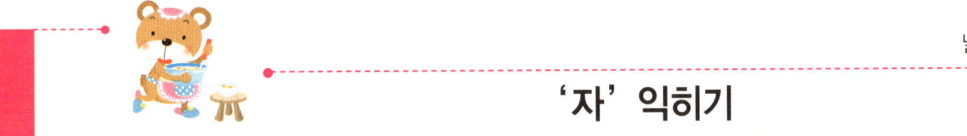

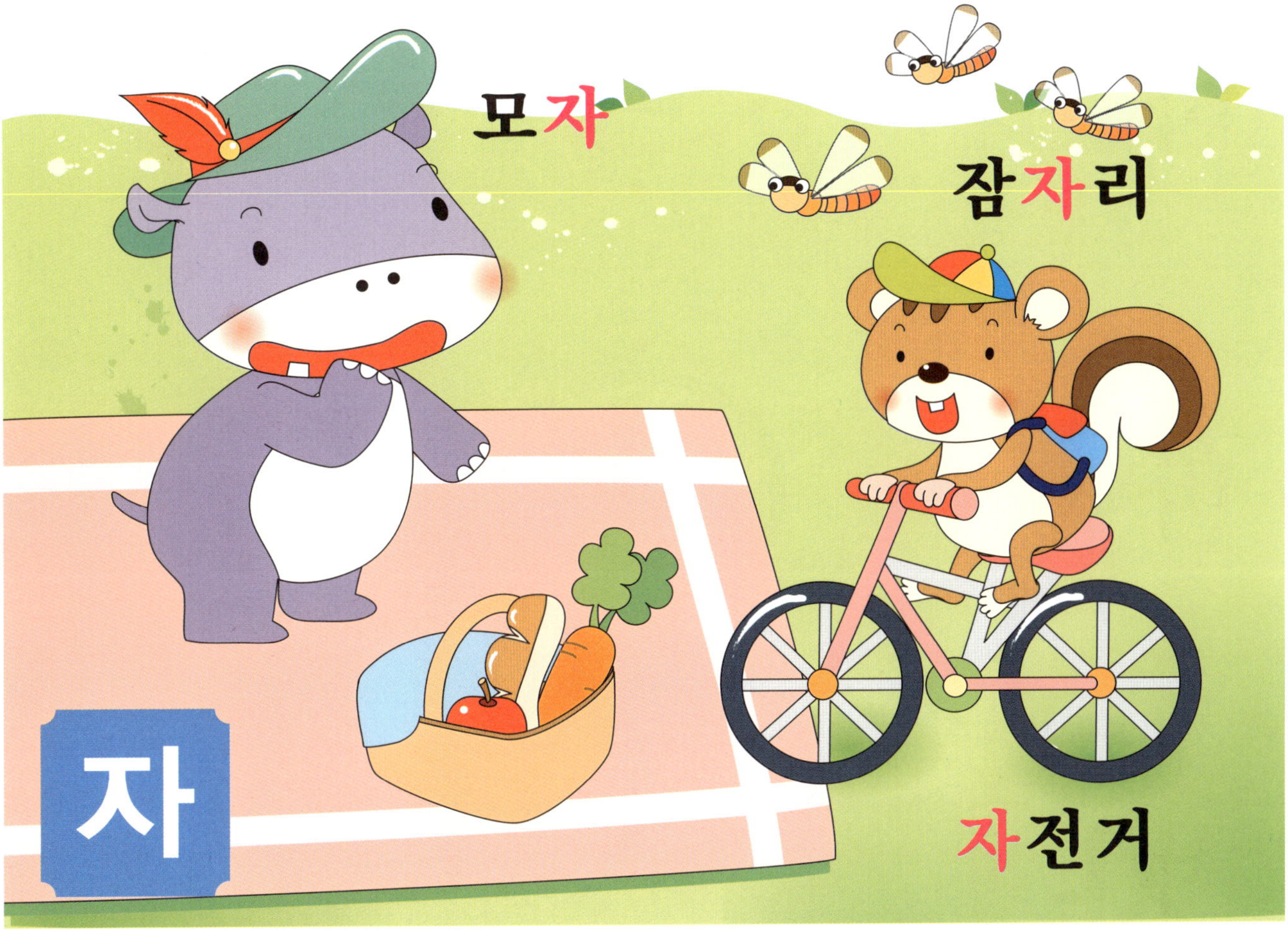

낱말의 빈 곳에 알맞은 낱자를 찾아 ◯해 보세요.

자　사

◯전거

자　사

모◯

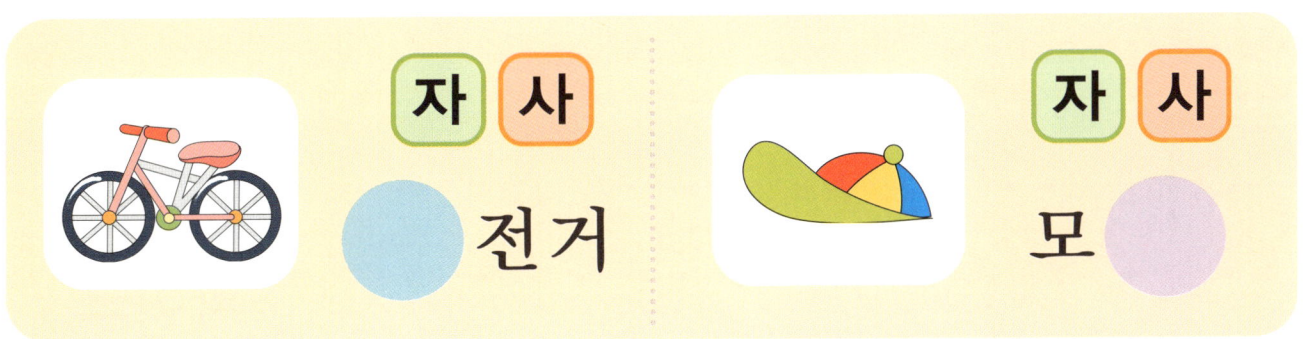

날짜: 월   일

'자' 쓰기

🎲 그림자를 찾아 연결하고, 낱말을 읽어 보세요.

🎲 '자'를 읽으면서 바르게 써 보세요.

날짜 : 월 일

'차' 익히기

다람쥐와 토끼는 하마네 집에 놀러가서 맛있는 녹차를 마셨어요.

녹**차**

차

기**차**   자동**차**

🎲 그림의 이름 빈 곳에 공통으로 들어갈 낱자 스티커를 붙여 보세요.

기◯   유모◯

날짜 :　　월　　일

'차' 쓰기

🎲 알맞은 그림을 찾아 줄로 이어 보세요.

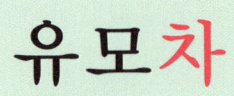 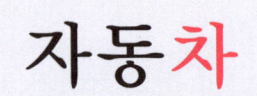 기차

🎲 '차'를 읽으면서 바르게 써 보세요.

ㅊ + ㅏ = 차

날짜 : 월 일

'자' 다지기

매우잘함 잘함 보통

읽으면서 바르게 써 보세요.

자

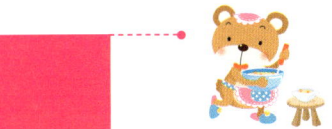

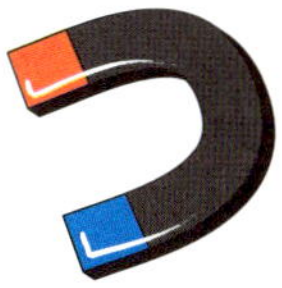

자석

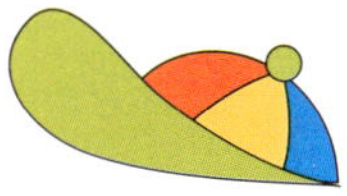

모자

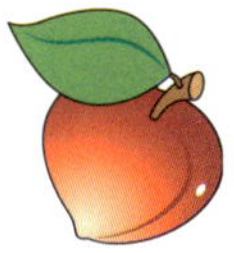

자두

자	자	자	자	자
자	자	자	자	자
자	자	자	자	자
자	자	자	자	자
자	자	자	자	자

날짜 : 월 일

'차' 다지기

매우잘함 잘함 보통

🎲 읽으면서 바르게 써 보세요.

 유모**차**  기**차**  자동**차**

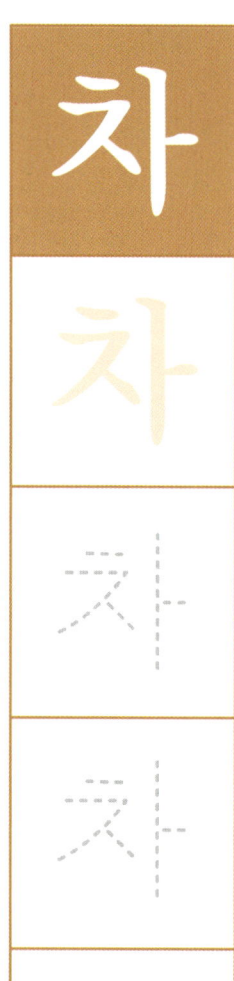
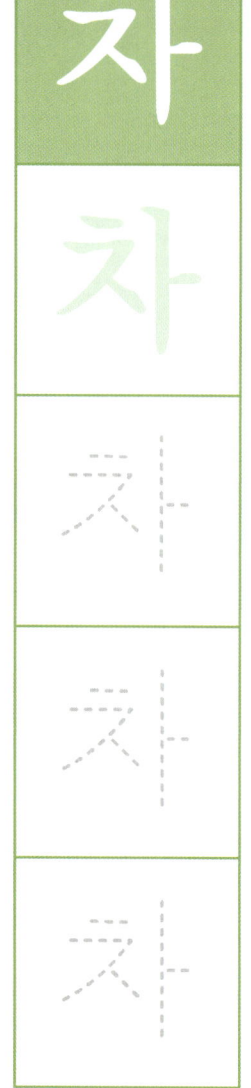
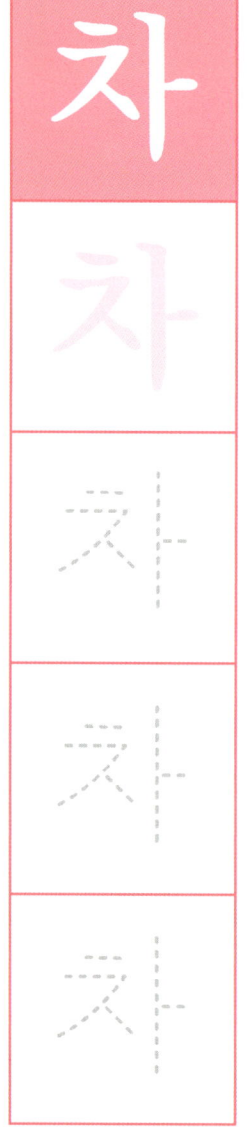
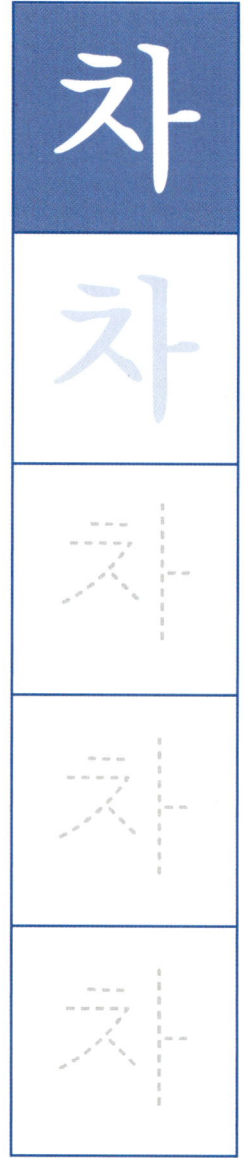
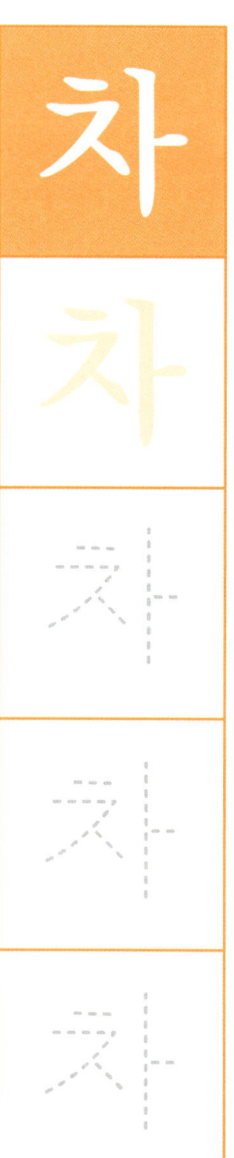

64 한글은 내친구

날짜 :   월   일

'카' 익히기

스포츠카를 타고 가는 여행은 너무나 즐거웠어요.
카메라로 사진도 찍고 맛있는 카레도 사 먹었어요.

카레라이스

카메라

카

스포츠카

'카'자가 들어 있는 낱말을 찾아 ○해 보세요.

코끼리

카멜레온

카드

날짜 :   월   일

'카' 쓰기

매우잘함 잘함 보통

🎲 알맞은 그림을 찾아 줄로 이어 보세요.

카드   카레라이스   카메라

🎲 '카'를 읽으면서 바르게 써 보세요.

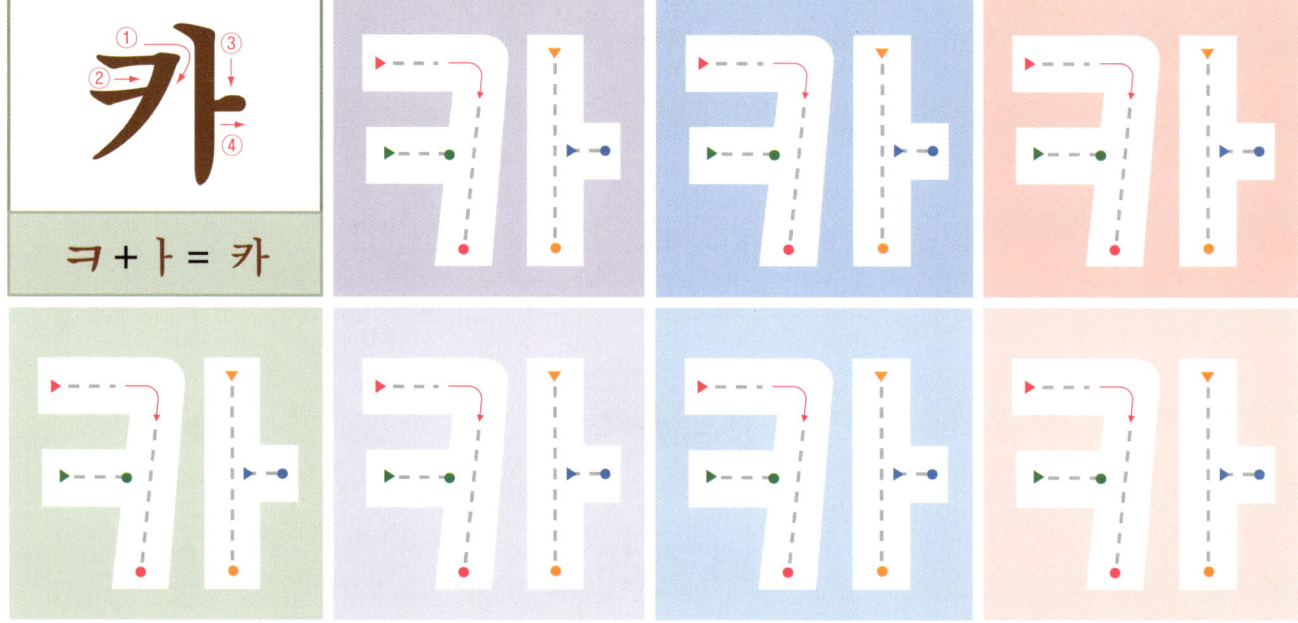

ㅋ + ㅏ = 카

날짜 :   월   일

'타' 익히기

매우잘함 잘함 보통

자동차 타이어가 고장났어요. 옆에 가던 타조 아저씨가 자동차를 고치러 오셨어요.

타조

타

타이어

기타

 '타'자가 들어 있는 그림 위에 이름 스티커를 붙여 보세요.

'타' 쓰기

날짜: 월   일

🎲 낱말을 읽고, 알맞은 그림을 찾아 줄로 이어 보세요.

낙타   기타   타조

🎲 '**타**'를 읽으면서 바르게 써 보세요.

ㅌ + ㅏ = 타

날짜 :   월   일

'카' 다지기

매우잘함 잘함 보통

🎲 읽으면서 바르게 써 보세요.

카메라   카드   카멜레온

 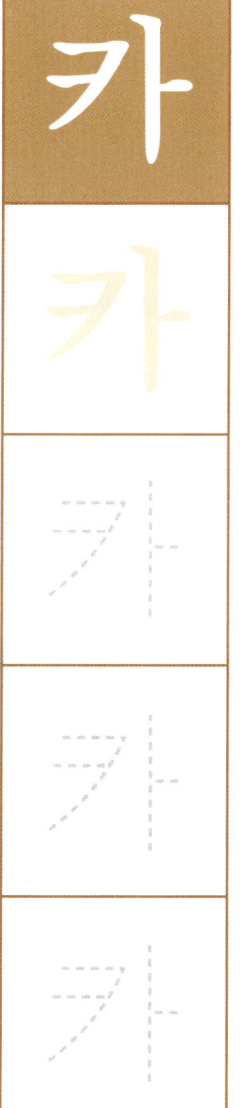 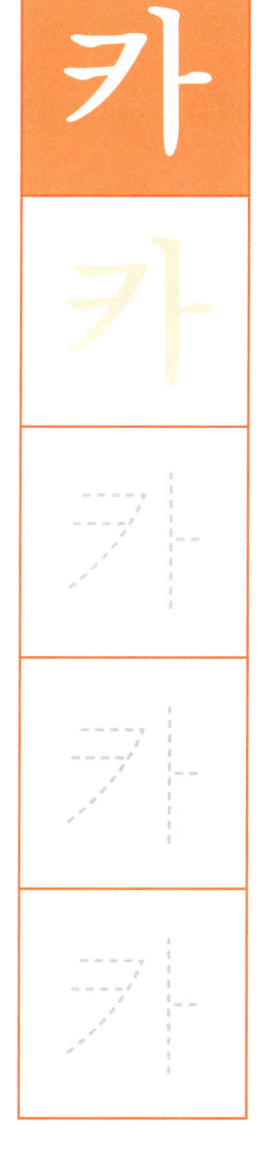 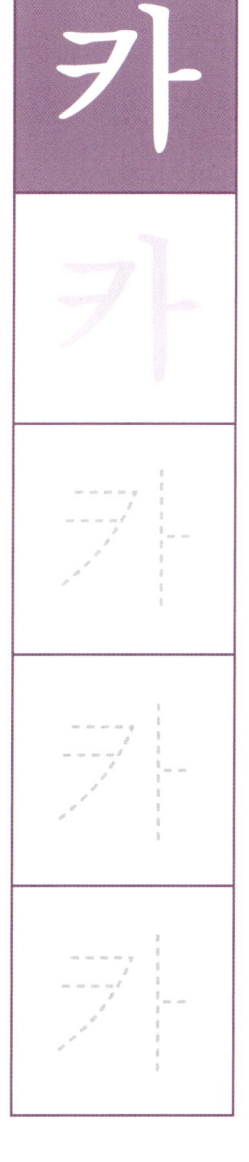 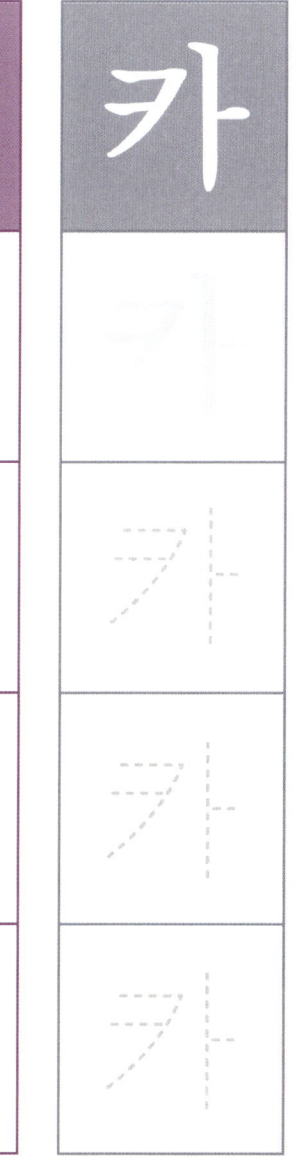

'타' 다지기

🎲 읽으면서 바르게 써 보세요.

타   타조    기타    낙타

타	타	타	타	타
타	타	타	타	타
타	타	타	타	타
타	타	타	타	타
타	타	타	타	타

날짜 : 　월　　　일

'자·차·카·타' 다지기

매우잘함　잘함　보통

🎲 바람개비를 주어진 색으로 예쁘게 색칠해 보세요.

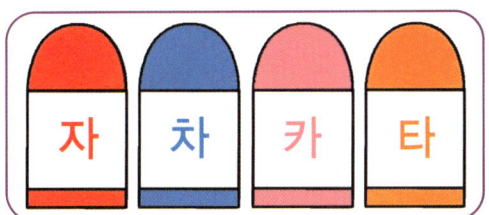

날짜 : 월 일

'자·차·카·타' 다지기

🎲 '**자·차·카·타**'가 들어 있는 낱말을 모두 찾아 ◯ 해 보세요.

| 자 |  오리 |  자전거 |  자석 |

| 차 |  자동차 |  비행기 |  기차 |

| 카 |  카드 |  카메라 | 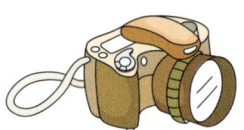 피아노 |

| 타 |  다리미 |  타조 |  기타 |

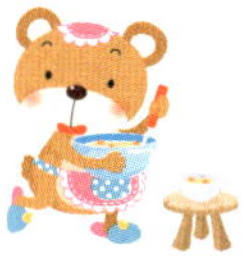

'파' 익히기

매우잘함 잘함 보통

동물친구들이 모여서 파인애플을 먹고 있었어요. 그런데, 갑자기 파리가 모여 들었어요.

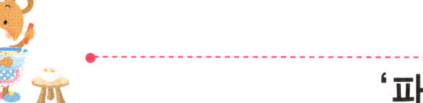

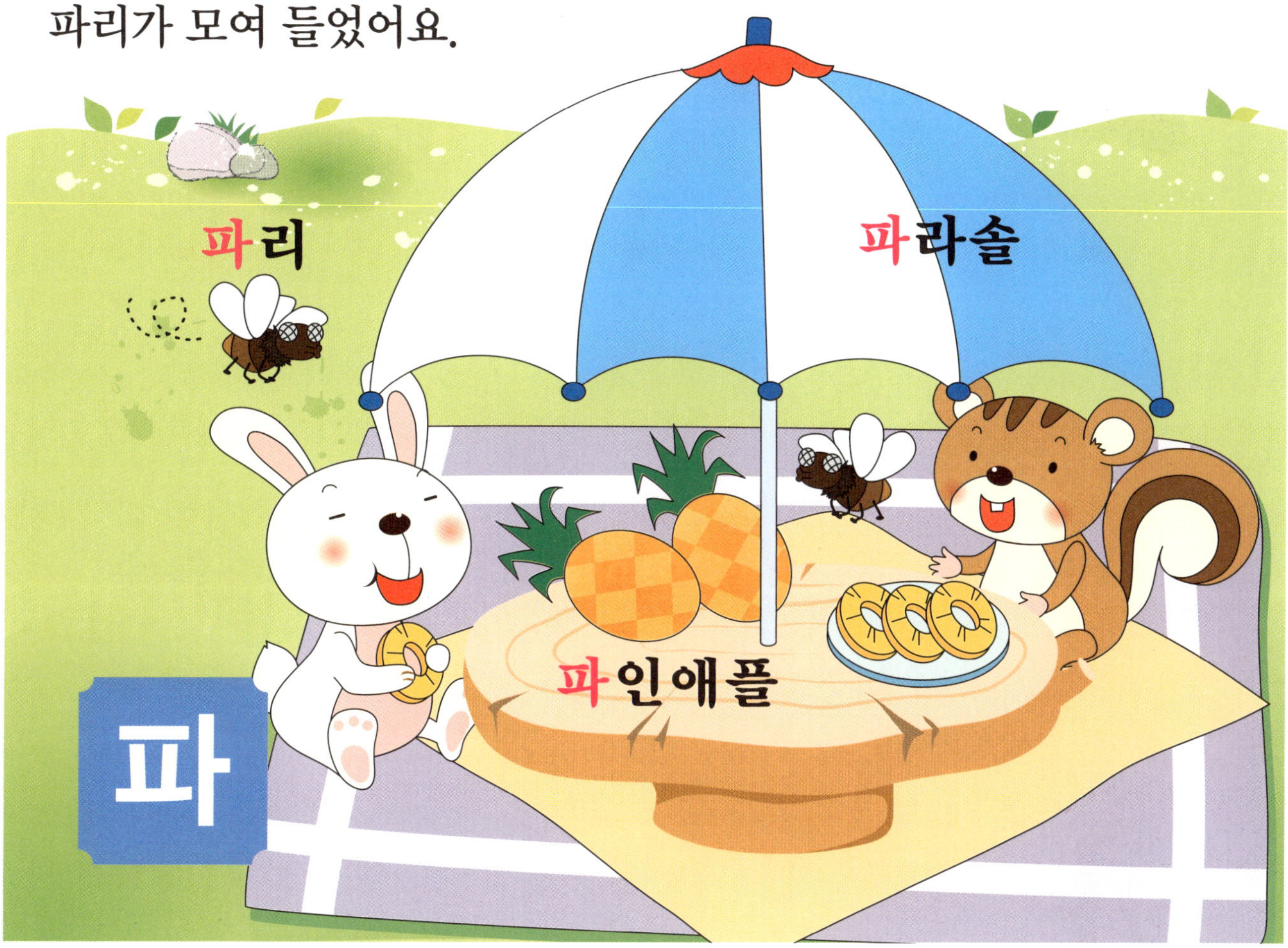

'**파**'자가 들어 있는 낱말을 찾아 ○해 보세요.

파라솔

파프리카

카메라

파리

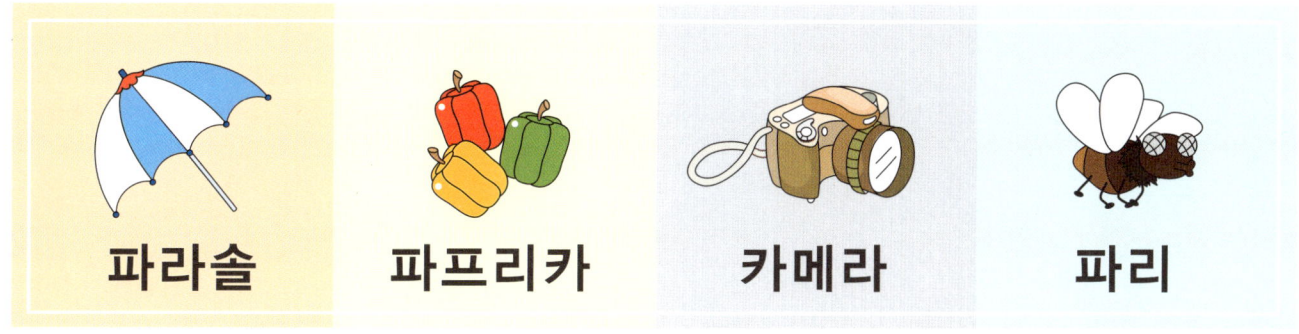

날짜 :   월   일

'파' 쓰기

매우잘함 잘함 보통

🎲 그림을 보고, 알맞은 낱말을 찾아 줄로 이어 보세요.

파리   파인애플   파라솔

🎲 '**파**'를 읽으면서 바르게 써 보세요.

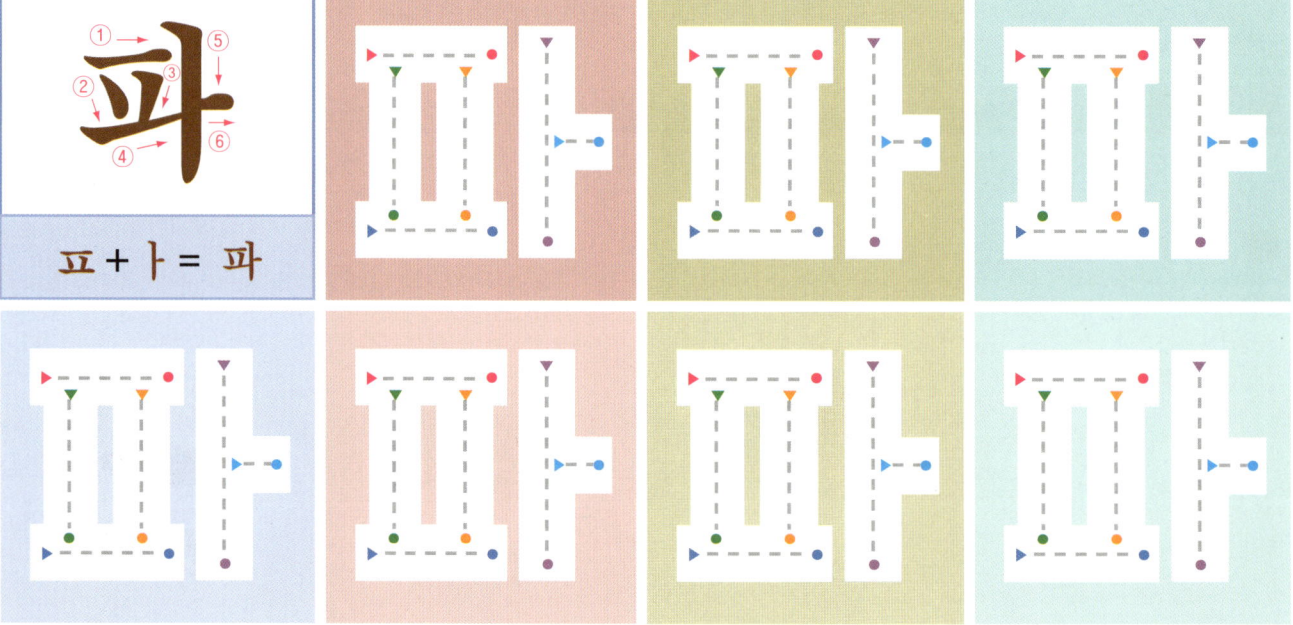

ㅍ + ㅏ = 파

'하' 익히기

매우잘함 잘함 보통

친구들에게 들려주기 위해 하마가 하모니카를 불고 있어요.

하마
하모니카
하프
하

 빈 곳에 알맞은 낱자를 찾아 ○해 보세요.

파 하
◯ 마

파 하
◯ 모니카

날짜 :   월   일

'하' 쓰기

매우잘함 잘함 보통

🎲 그림을 보고, 알맞은 낱말을 찾아 줄로 이어 보세요.

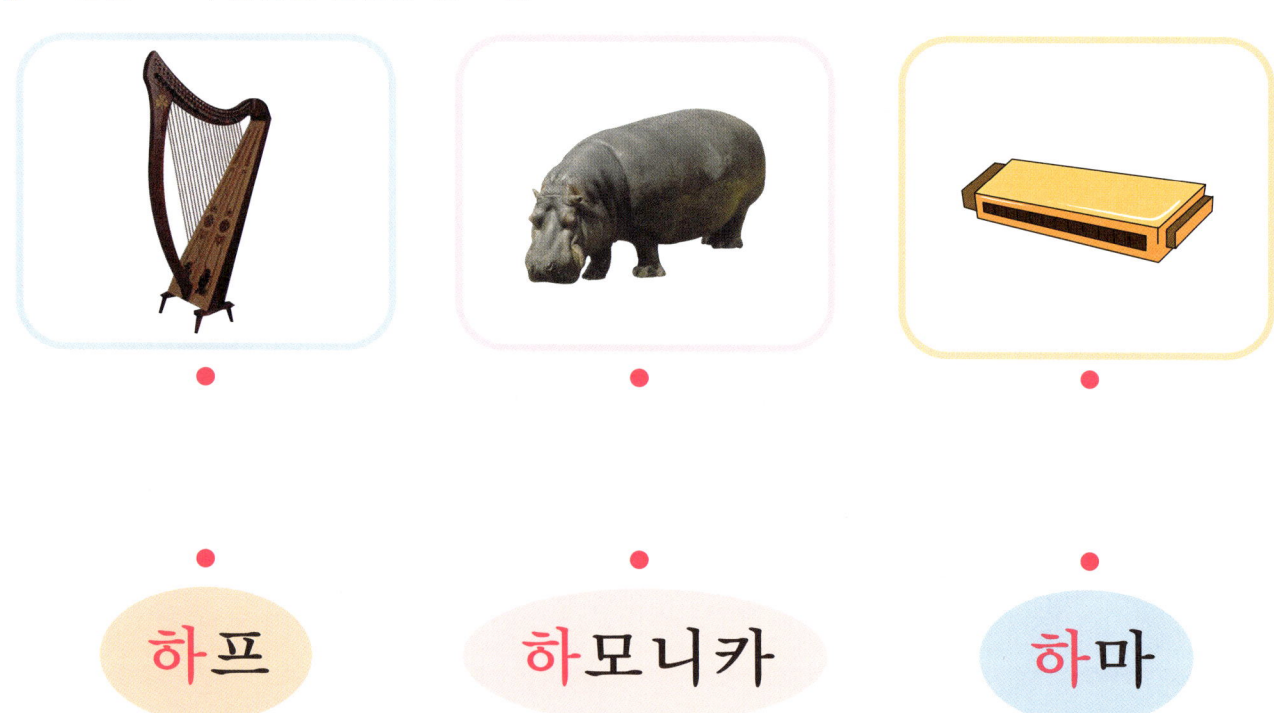

하프   하모니카   하마

🎲 '하'를 읽으면서 바르게 써 보세요.

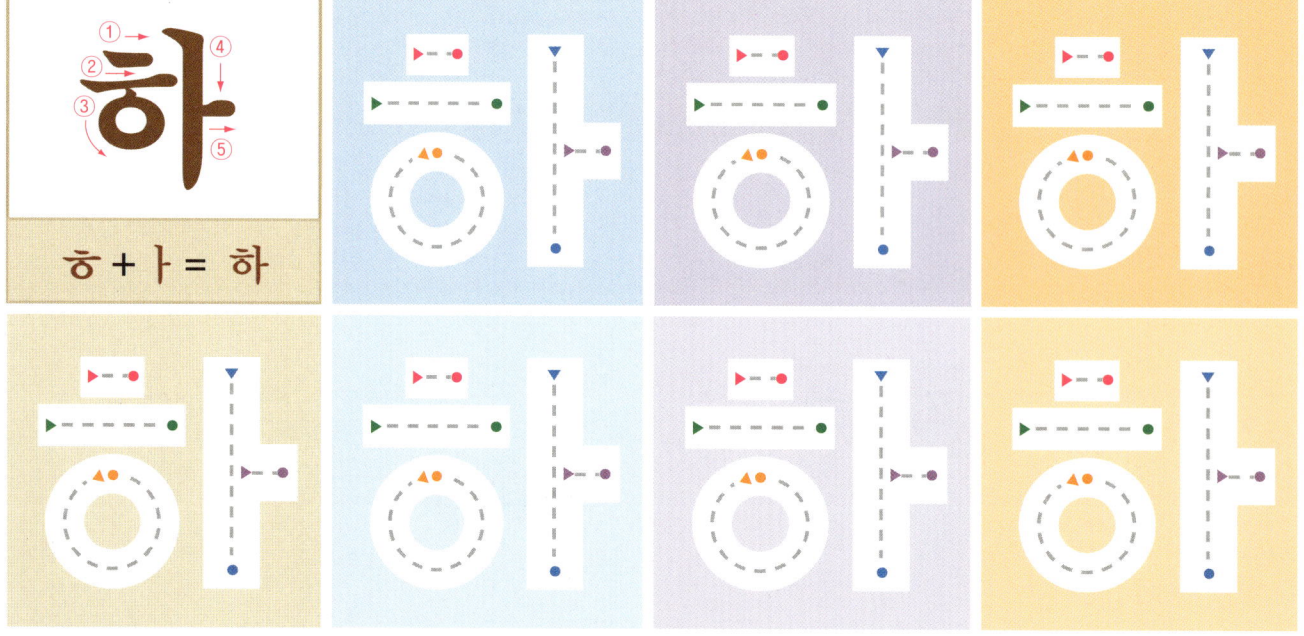

ㅎ + ㅏ = 하

날짜 : 월 일

'파' 다지기

매우잘함 잘함 보통

읽으면서 바르게 써 보세요.

파

파리

파인애플

파라솔

파	파	파	파	파
파	파	파	파	파
파	파	파	파	파
파	파	파	파	파
파	파	파	파	파

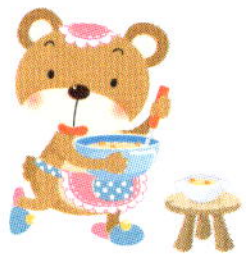

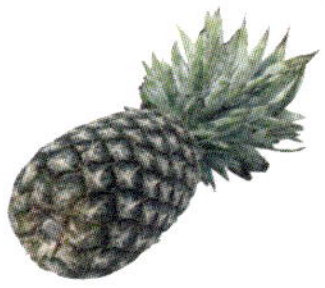

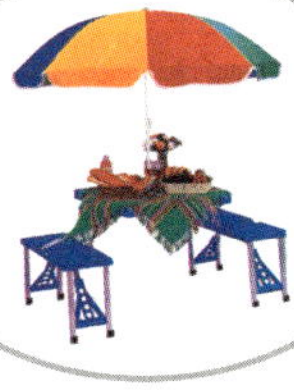

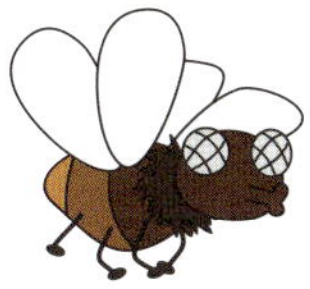

날짜 : 월 일

‘하’ 다지기

매우잘함 잘함 보통

읽으면서 바르게 써 보세요.

하

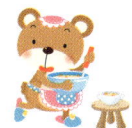

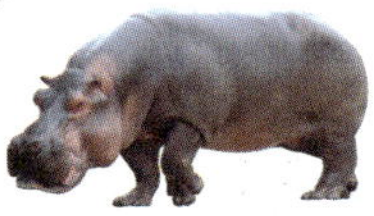

하마

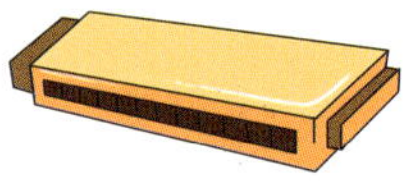

하모니카

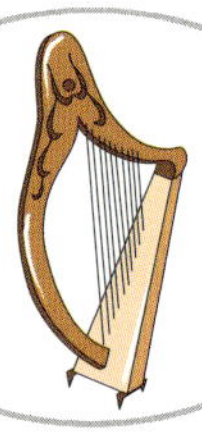

하프

하	하	하	하	하
하	하	하	하	하
하	하	하	하	하
하	하	하	하	하
하	하	하	하	하

날짜 :　　월　　일

'파 · 하' 다지기

매우잘함 잘함 보통

천사는 **'파'**, 도깨비는 **'하'**를 따라 선을 그으면서 가 보세요.

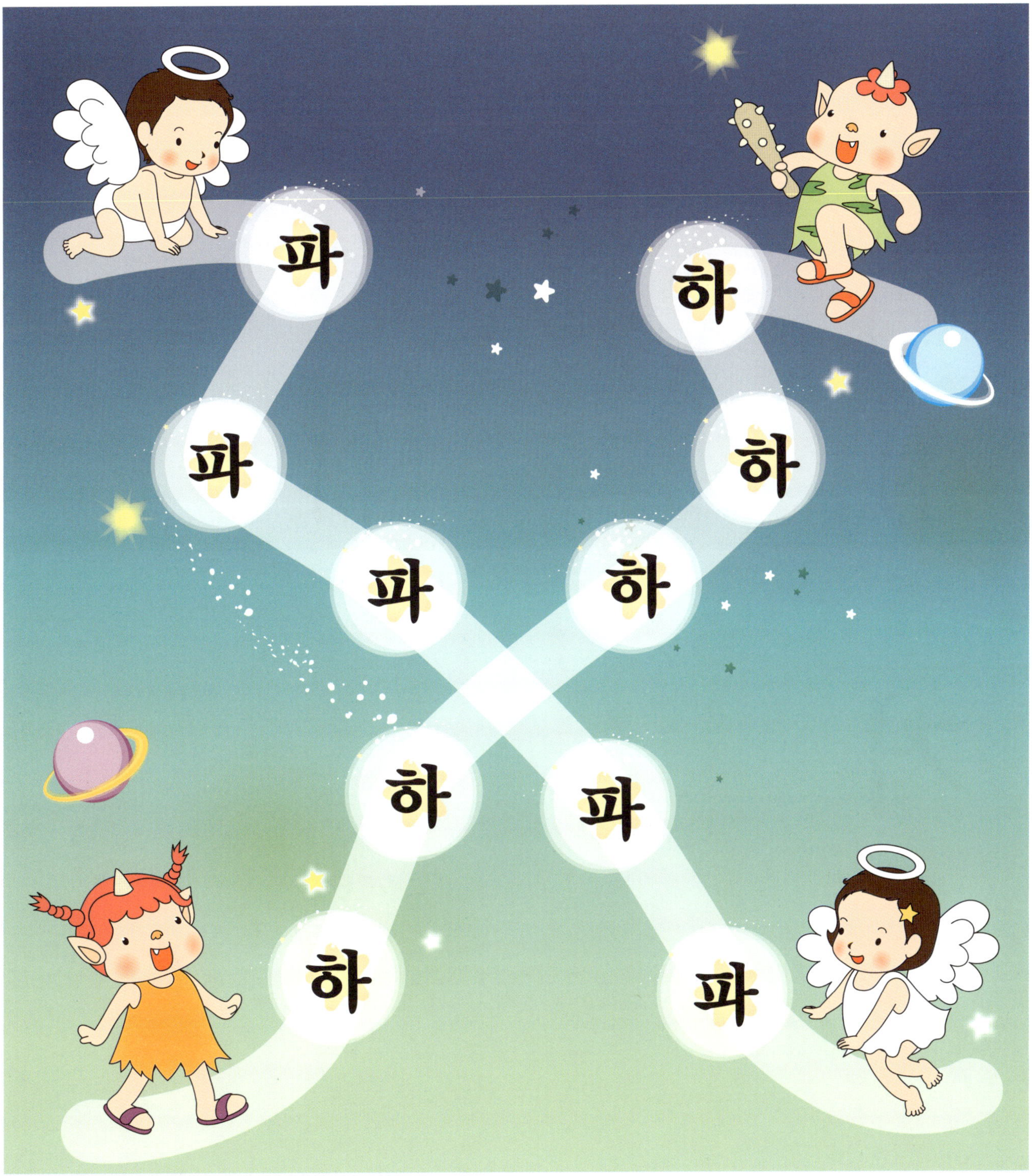

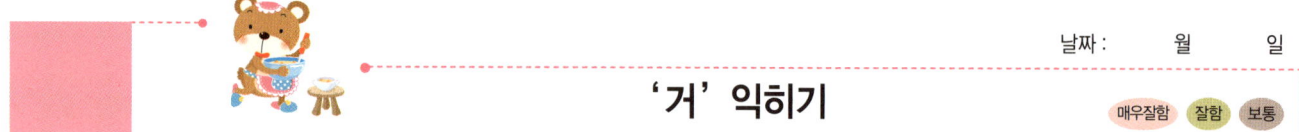

'거' 익히기

🎲 낱말에 '거'자가 들어간 그림을 찾아 예쁘게 색칠해 보세요.

🎲 '거'를 읽으면서 바르게 써 보세요.

ㄱ + ㅓ = 거

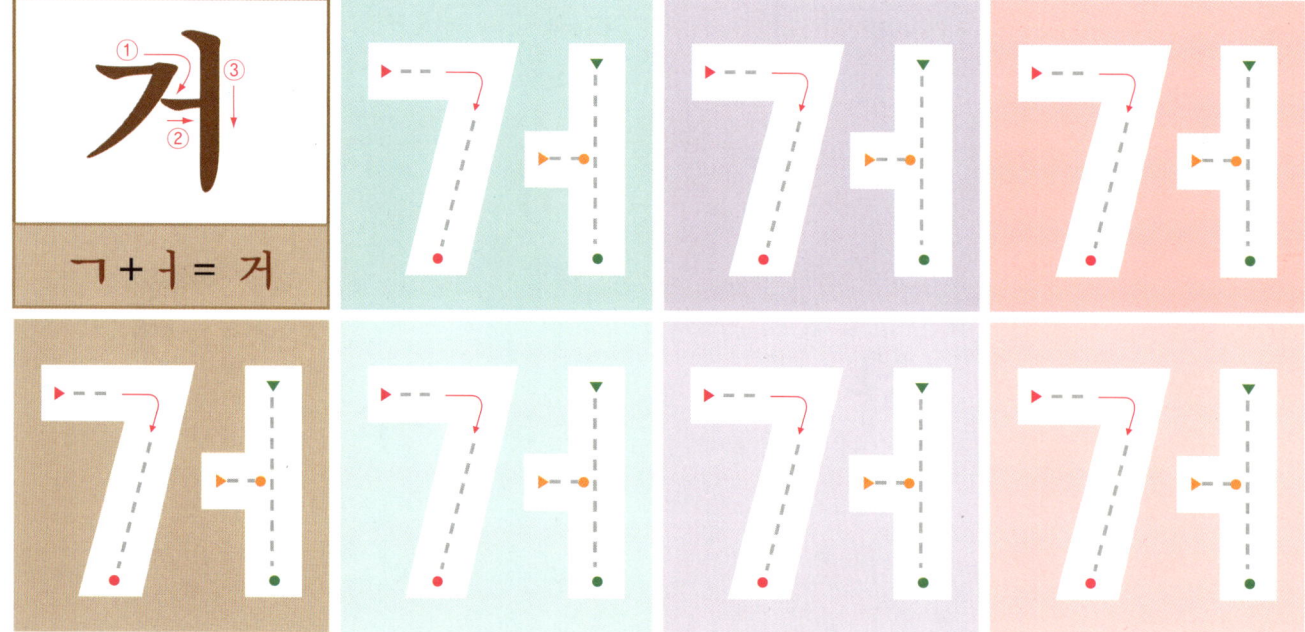

'너' 익히기

🎲 '너'자가 들어 있는 그림을 찾아 ○해 보세요.

🎲 '너'를 읽으면서 바르게 써 보세요.

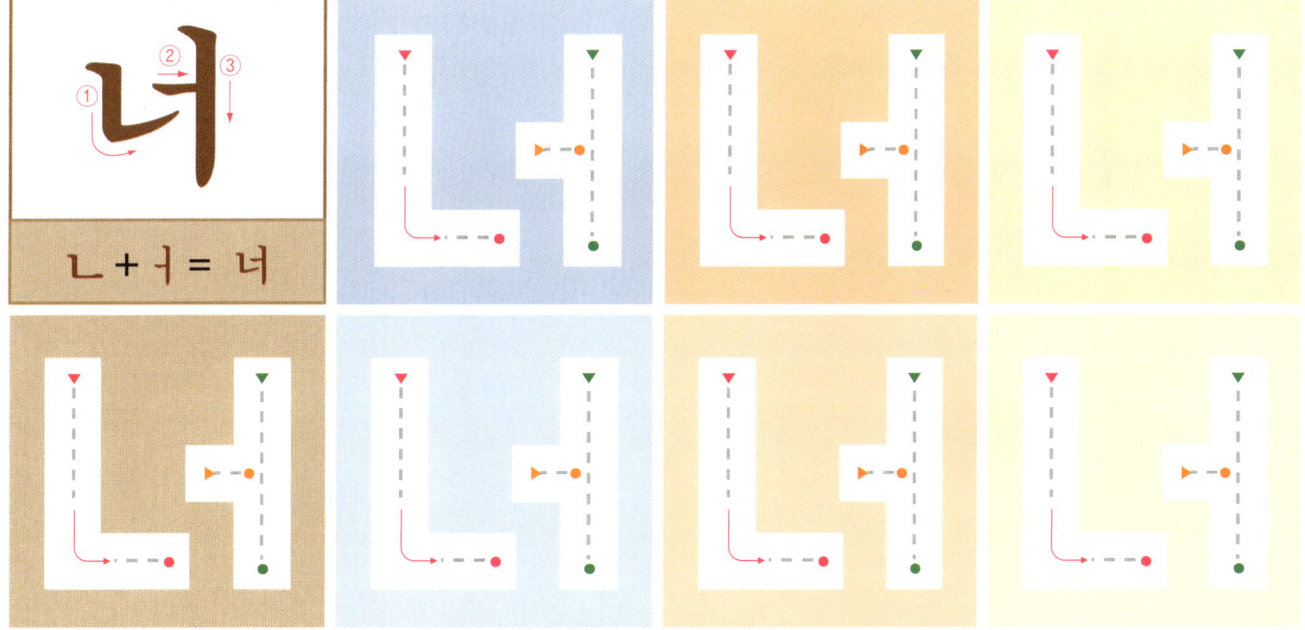

ㄴ + ㅓ = 너

'더' 익히기

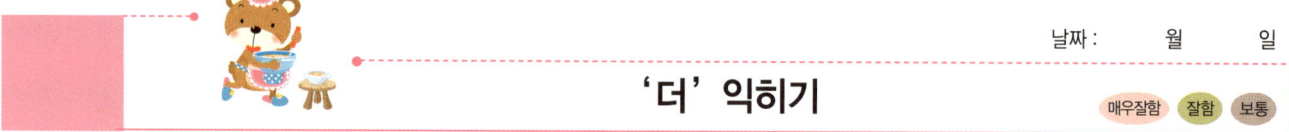

🎲 ● 안에 들어갈 알맞은 글자를 찾아 ○ 해 보세요.

두●지　　●듬이

🎲 '더'를 읽으면서 바르게 써 보세요.

ㄷ + ㅓ = 더

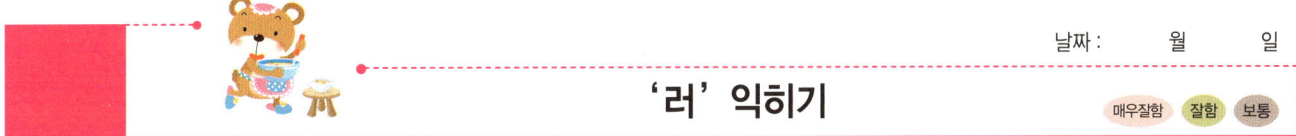

'러' 익히기

🎲 ● 안에 들어갈 알맞은 글자를 찾아 ○해 보세요.

거 너 더 러

기●기   롤●

🎲 '러'를 읽으면서 바르게 써 보세요.

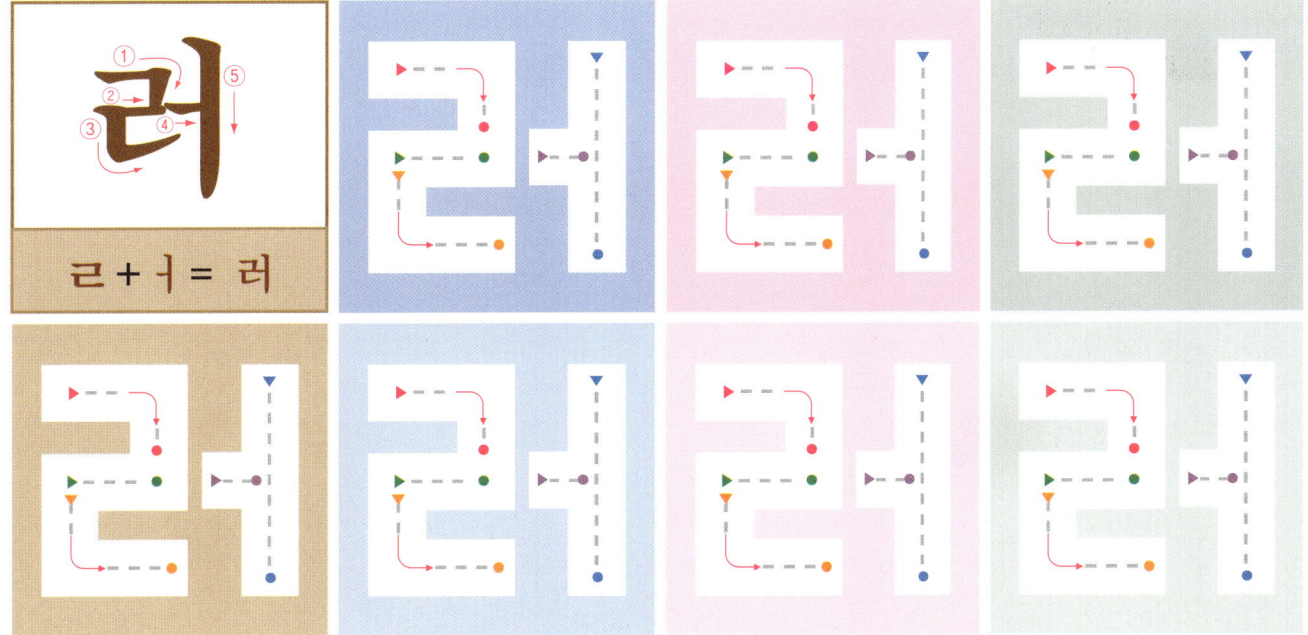

ㄹ + ㅓ = 러

날짜: 월 일

'거·너·더·러' 다지기

매우잘함 잘함 보통

🎲 □안에 들어갈 알맞은 글자를 찾아 줄로 이어 보세요.

□북

러

□구리

너

두□지

더

기□기

거

84 한글은 내친구

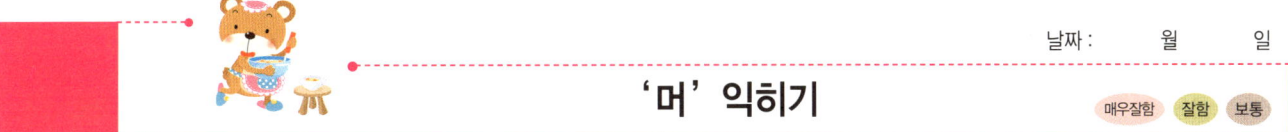

'머' 익히기

🎲 '머'가 들어 있는 낱말을 소리내어 바르게 써 보세요.

머루　　　머리띠

🎲 '머'를 읽으면서 바르게 써 보세요.

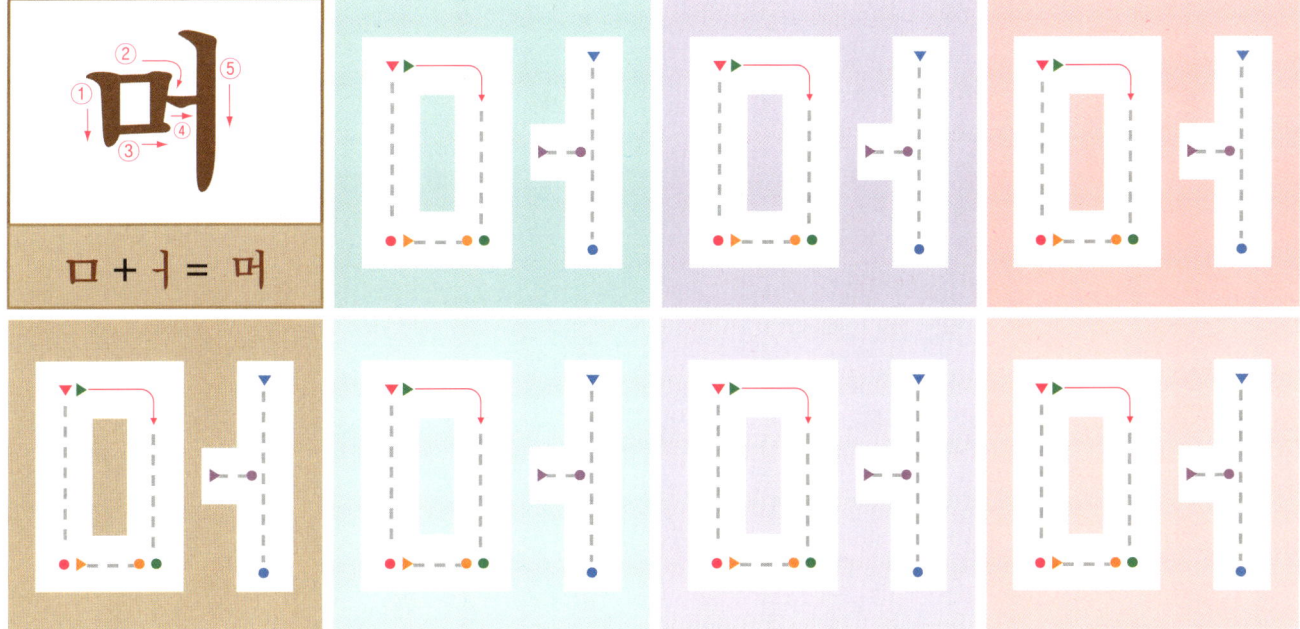

ㅁ + ㅓ = 머

날짜 :   월   일

'버' 익히기

매우잘함 잘함 보통

🎲 그림을 보고, 공통으로 들어 있는 글자를 써 보세요.

버섯
버선
버스

🎲 '버'를 읽으면서 바르게 써 보세요.

ㅂ + ㅓ = 버

날짜 :   월   일

'서' 익히기

매우잘함 | 잘함 | 보통

🎲 낱말을 읽고, 이름에 맞게 그림 스티커를 붙여 보세요.

서류

서리

서점

🎲 '서'를 읽으면서 바르게 써 보세요.

ㅅ + ㅓ = 서

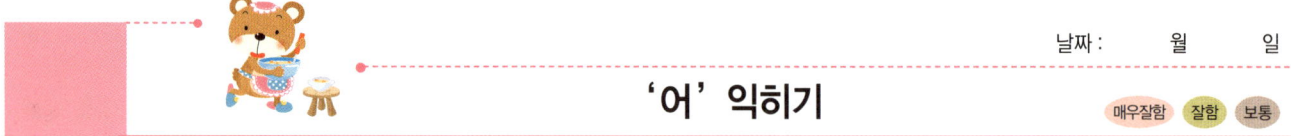

'어' 익히기

🎲 아래 그림에 빠진 낱자를 보기 에서 골라 써 보세요.

🎲 '어'를 읽으면서 바르게 써 보세요.

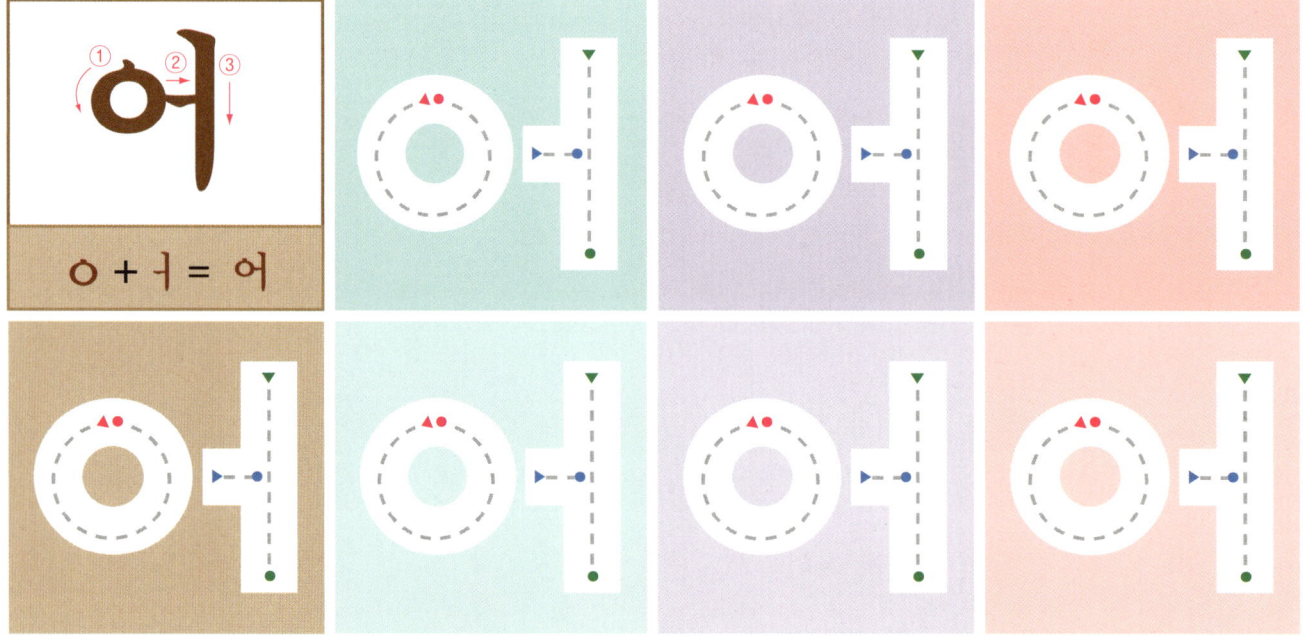

날짜 :   월   일

'머·버·서·어' 다지기

매우잘함 잘함 보통

🎲 그림을 보고, '머·버·서·어'를 찾아 줄로 이어 보세요.

어부

머

머리

버

버섯

서

서점

어

2 단계 89

'저' 익히기

🎲 그림의 이름을 읽고, 이름에 공통으로 쓰여진 글자를 써 보세요.

저고리　저울　저금통　수저

🎲 '저'를 읽으면서 바르게 써 보세요.

ㅈ + ㅓ = 저

'처' 익히기

🎲 그림을 보고, 글자 '처'를 찾아 ○해 보세요.

부처   처마

차 처

🎲 '처'를 읽으면서 바르게 써 보세요.

ㅊ + ㅓ = 처

'커' 익히기

🎲 그림을 보고, ● 안에 들어갈 알맞은 글자를 찾아 ○해 보세요.

🎲 '커'를 읽으면서 바르게 써 보세요.

'터' 익히기

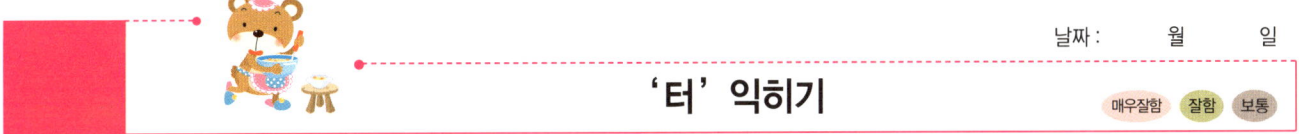

날짜: 월   일

🎲 그림을 보고, ● 안에 들어갈 알맞은 글자를 찾아 ○ 해 보세요.

🎲 '터'를 읽으면서 바르게 써 보세요.

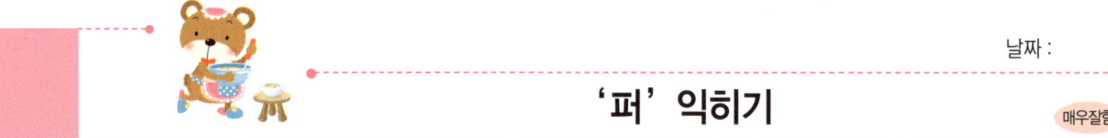

'퍼' 익히기

🎲 지퍼없는 가방에 지퍼를 달아주세요. 바르게 길을 찾아 보세요.

🎲 '퍼'를 읽으면서 바르게 써 보세요.

ㅍ + ㅓ = 퍼

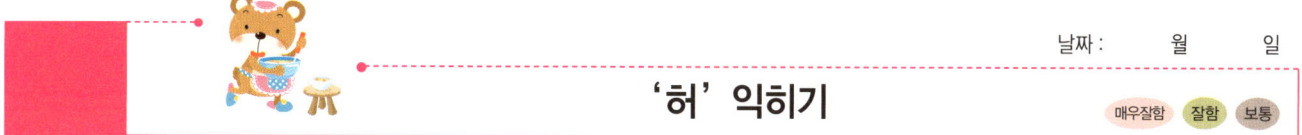

'허' 익히기

🎲 ○안에 들어갈 알맞은 글자를 찾아 ○해 보세요.

🎲 '허'를 읽으면서 바르게 써 보세요.

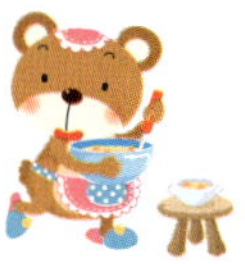

날짜 :   월   일

'저·처·커·터·퍼·허' 다지기

🎲 '저·처·커·터·퍼·허'가 들어간 그림을 찾아 ◯ 해 보세요.

저	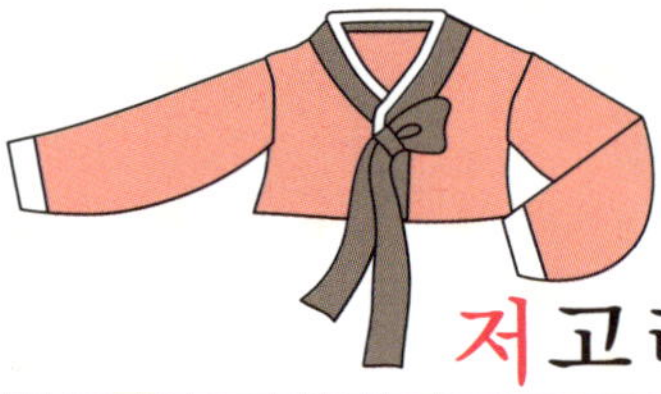 저고리	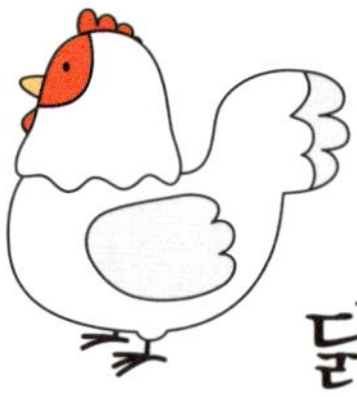 닭
처	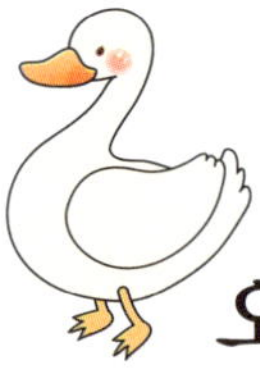 오리	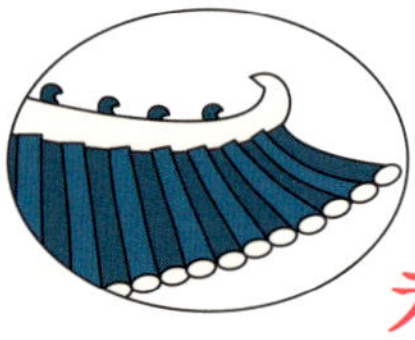 처마
커	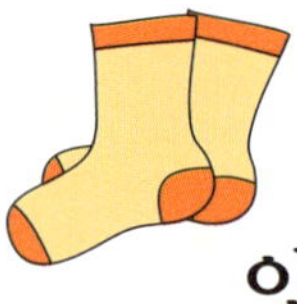 양말	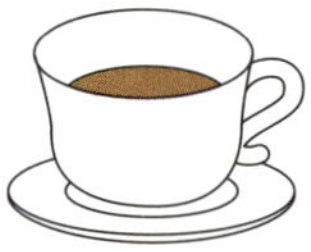 커피
터	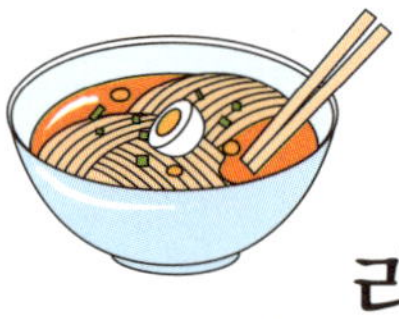 라면	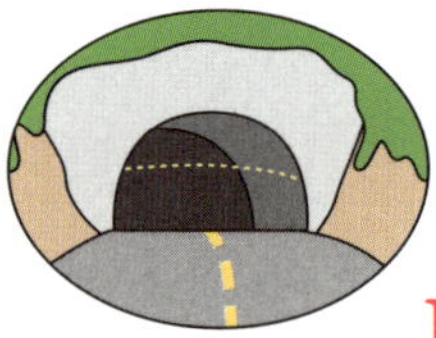 터널
퍼	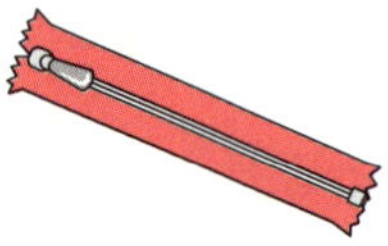 지퍼	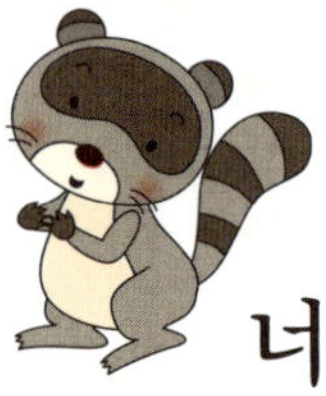 너구리
허	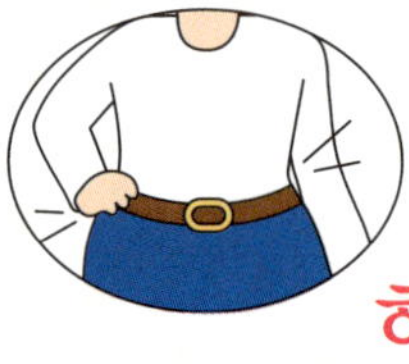 허리	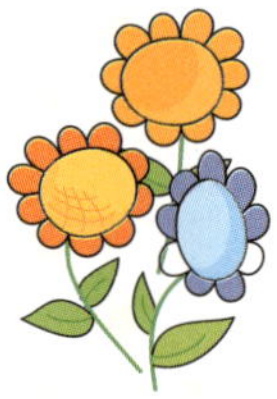 꽃

한글은 내친구 ② 스티커

8쪽

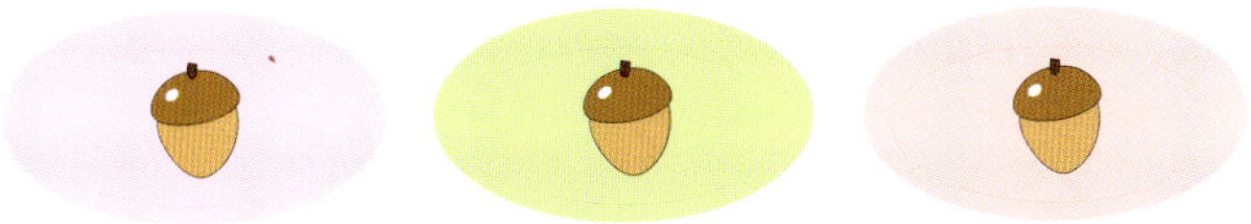

13쪽

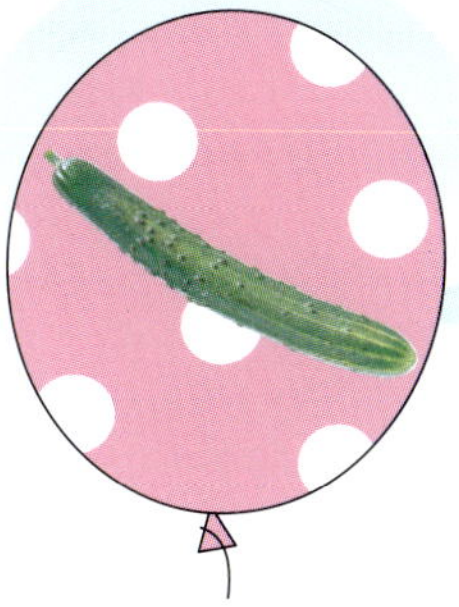

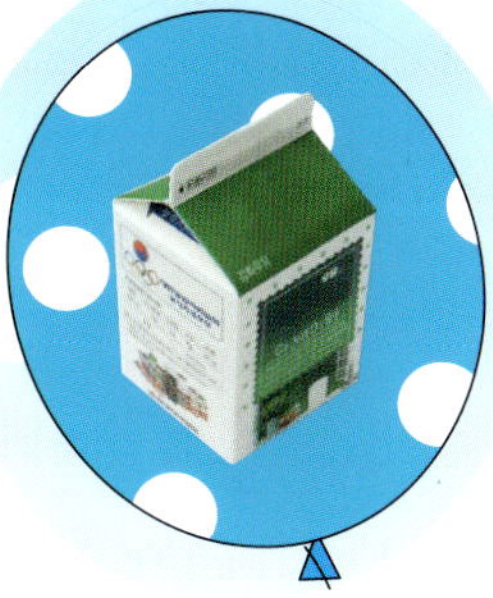

20쪽 ㅏ

32쪽 가수　가지
　　　가위

38쪽 다　다　다

46쪽 마　마　마

52쪽 사　사　사

55쪽

61쪽 차

67쪽 타조　기타

87쪽

유아 생각의 창을 넓혀 주는 길라잡이

단계별 수준 학습 시스템

유아의 발달 수준에 맞추어 4세, 5세, 6세, 7세의 4단계 학습으로 구성하였습니다.

④ ⑤
언어·인지(A)-10권
수리·탐구(B)-10권
칠교(C)-2권
표현·창작(D)-2권
영역별 누리과정(E)-2권

⑥ ⑦
언어·인지(A)-10권
수리·탐구(B)-10권
한자(C)-2권
창의·영재(D)-2권
영역별 누리과정(E)-2권

- 누리과정의 낱말 학습과 언어 인지, 읽기, 쓰기, 말하기의 영역으로 구성
- 수리 개념의 기초인 분류, 비교, 공간 지각, 수 세기 등 수리적 인지력 학습
- 사회관계 영역을 포함한 영역별 누리과정으로 구성
- 놀이를 통한 칠교 학습, 창의력 표현 활동의 브레인, 한자로 구성

 ## 익힘장의 특징

익힘장은 〈한글은 내친구〉를 배우고 낱말과 단어를 반복해서
익힐수 있도록 엮은 '책 속의 책'입니다.
그림과 함께 낱말을 익히는 복습을 통해 완전히 내 것이 되는 한글.
어린이 혼자서도 재미있게 학습할 수 있습니다.

한글은 내친구 ②

스스로 학습하기

익힘장

익힘장

한글은 내친구 ❷

 차례

닿소리 ㄱ~ㅎ 쓰기 2
홀소리 ㅏ~ㅣ 쓰기 9
가~하 쓰기 12
가~하 낱말쓰기 17
거~허 쓰기 22
거~허 낱말쓰기 27

닿소리 ㄱ, ㄴ 쓰기

날짜: 월   일

매우잘함 | 잘함 | 보통

🎲 소리내어 읽으면서 바르게 써 보세요.

기역

니은

2 익힘장

날짜 : 월 일

닿소리 ㅅ, ㅇ 쓰기

매우잘함 | 잘함 | 보통

소리내어 읽으면서 바르게 써 보세요.

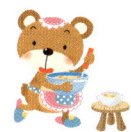

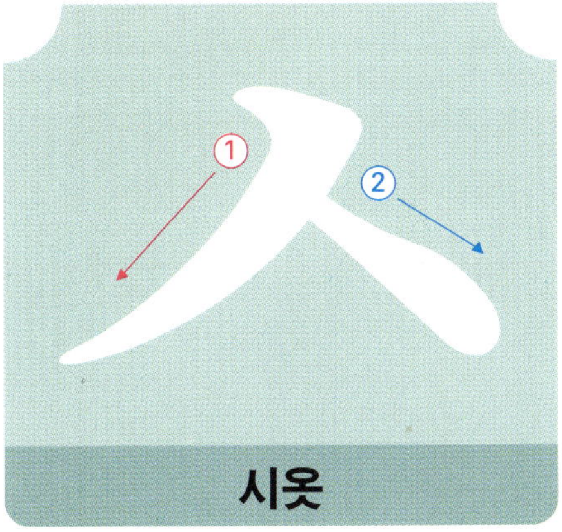

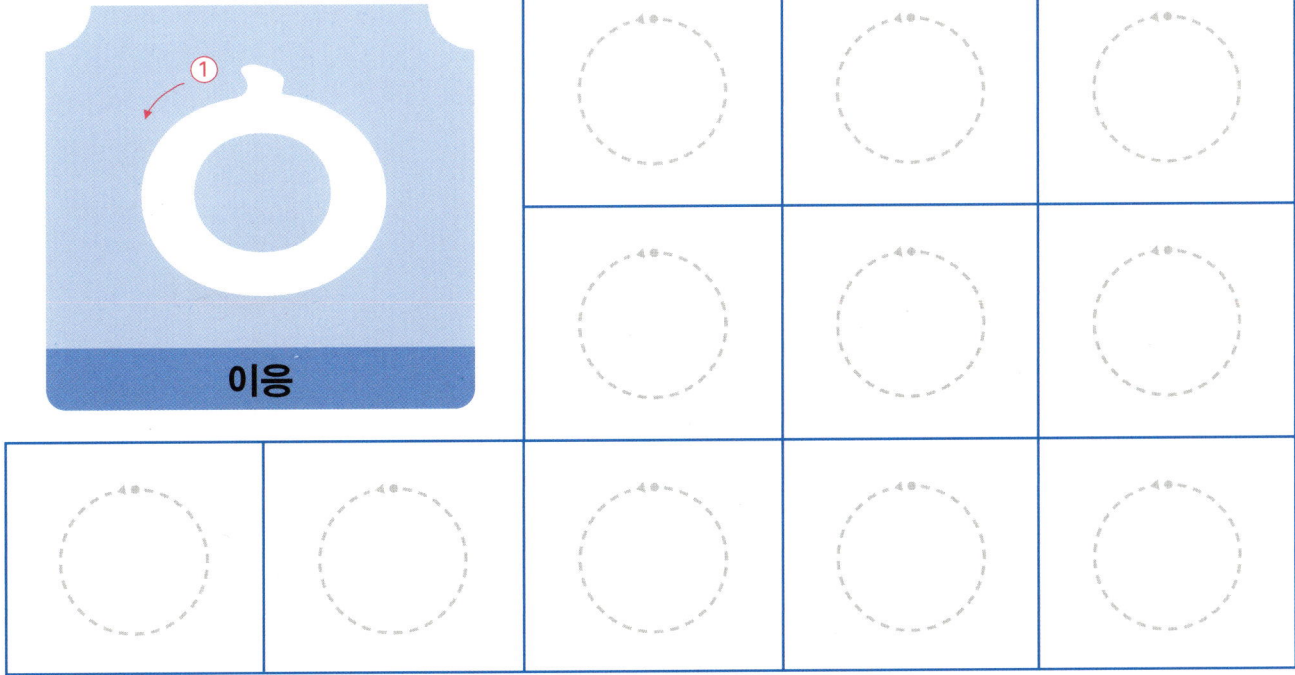

닿소리 ㅈ, ㅊ 쓰기

🎲 소리내어 읽으면서 바르게 써 보세요.

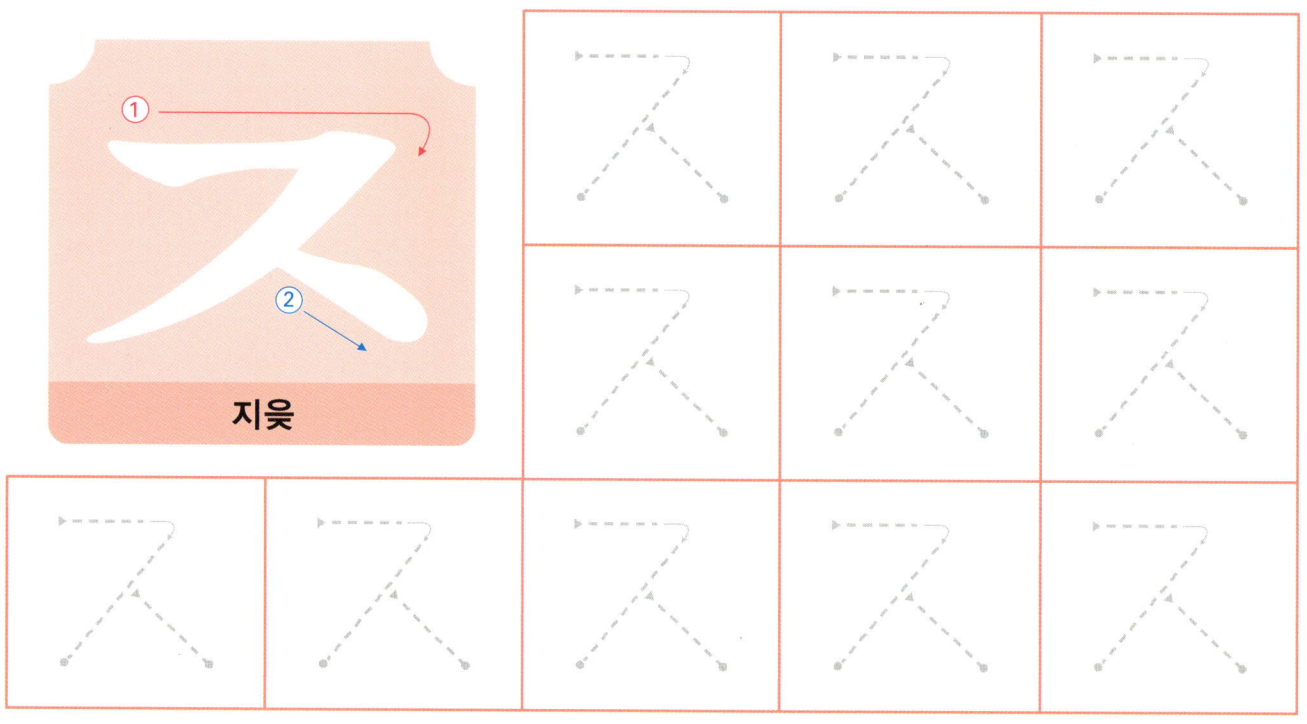

지읒

치읓

닿소리 ㅁ, ㅂ 쓰기

날짜: 월 일

매우잘함 | 잘함 | 보통

🎲 소리내어 읽으면서 바르게 써 보세요.

미음

비읍

닿소리 ㄷ, ㄹ 쓰기

🎲 소리내어 읽으면서 바르게 써 보세요.

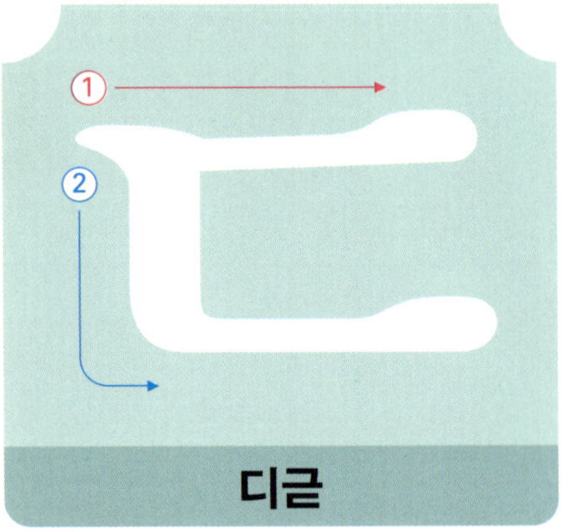

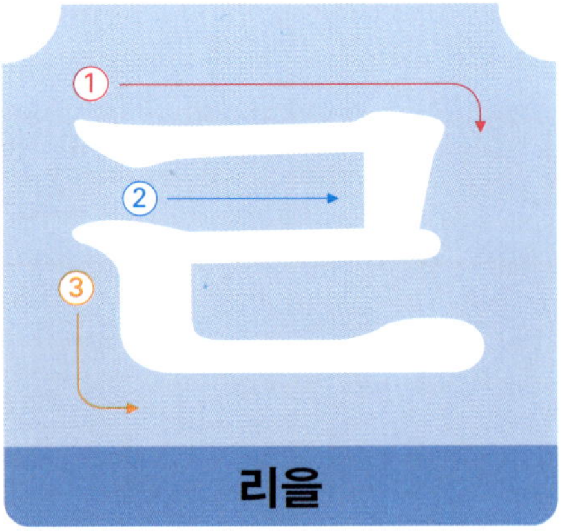

ㄷ 디귿

ㄹ 리을

닿소리 ㅋ, ㅌ 쓰기

 소리내어 읽으면서 바르게 써 보세요.

키읔

티읕

닿소리 ㅍ, ㅎ 쓰기

소리내어 읽으면서 바르게 써 보세요.

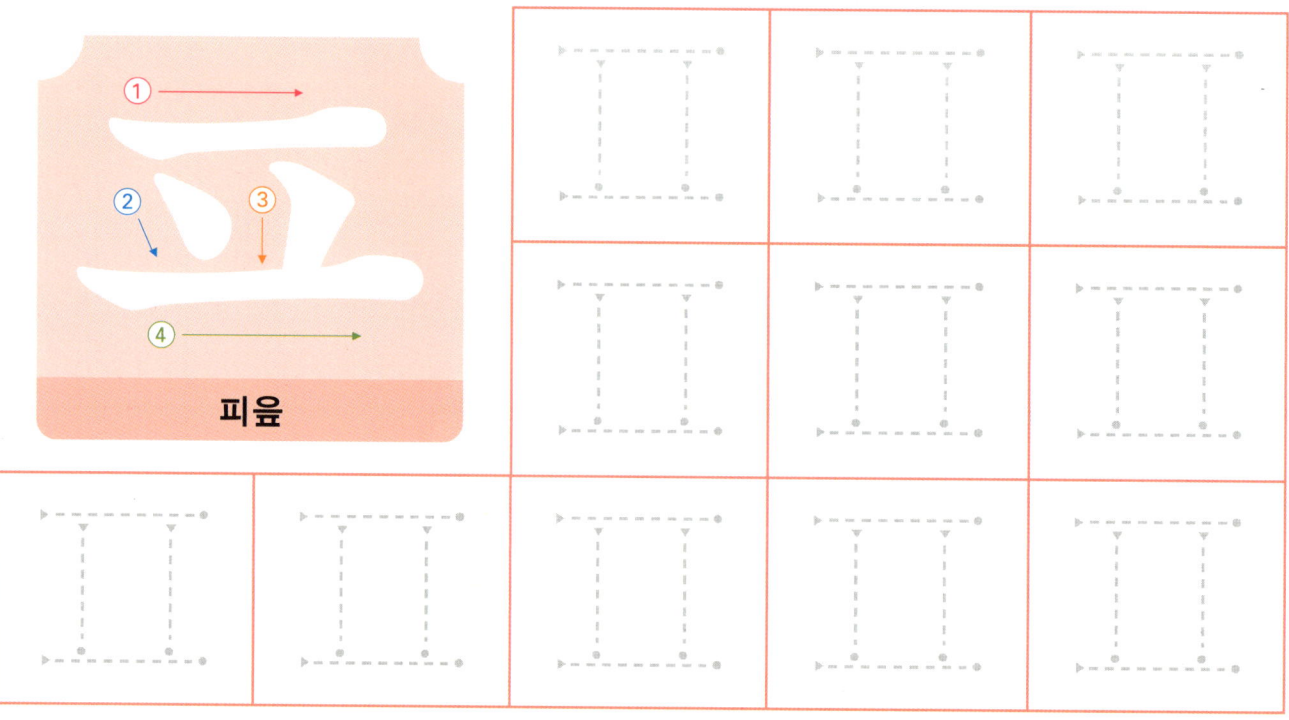

피읖

히읗

홀소리 ㅏ, ㅓ 쓰기

🎲 소리내어 읽으면서 바르게 써 보세요.

날짜: 월   일

홀소리 ㅗ,ㅜ 쓰기

🎲 소리내어 읽으면서 바르게 써 보세요.

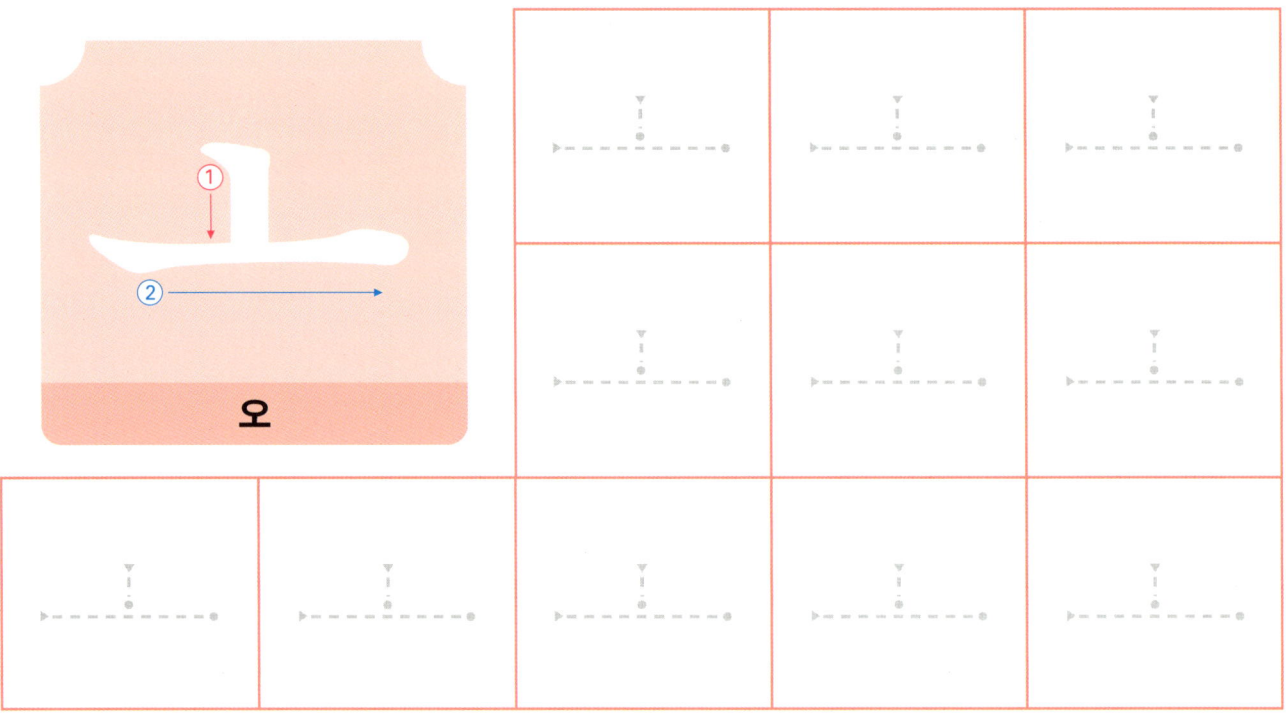

날짜: 월 일

홀소리 ―, ㅣ 쓰기

매우잘함 잘함 보통

🎲 소리내어 읽으면서 바르게 써 보세요.

으

이

2 단계 11

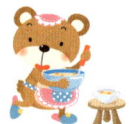

날짜 : 월 일

가 ~ 다 쓰기

매우잘함 | 잘함 | 보통

소리내어 읽으면서 바르게 써 보세요.

가 ㄱ+ㅏ=가	가	가	가	가
가	가	가	가	가
나 ㄴ+ㅏ=나	나	나	나	나
나	나	나	나	나
다 ㄷ+ㅏ=다	다	다	다	다
다	다	다	다	다

라~바 쓰기

날짜: 월   일

매우잘함 | 잘함 | 보통

🎲 소리내어 읽으면서 바르게 써 보세요.

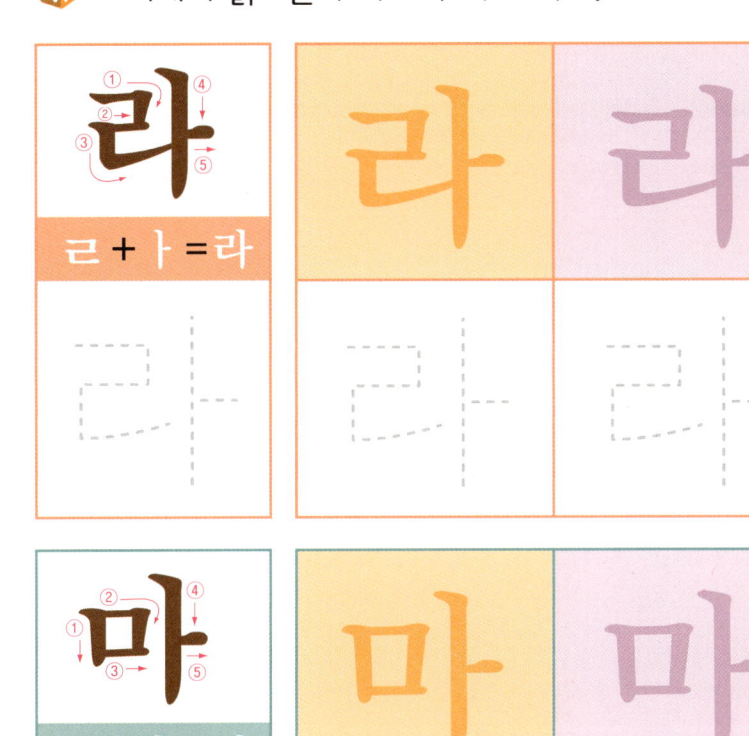

ㄹ + ㅏ = 라

ㅁ + ㅏ = 마

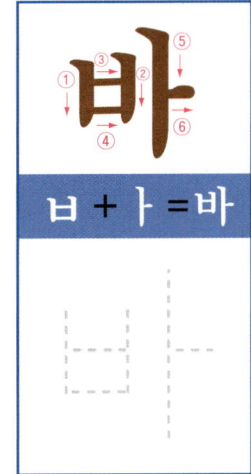

ㅂ + ㅏ = 바

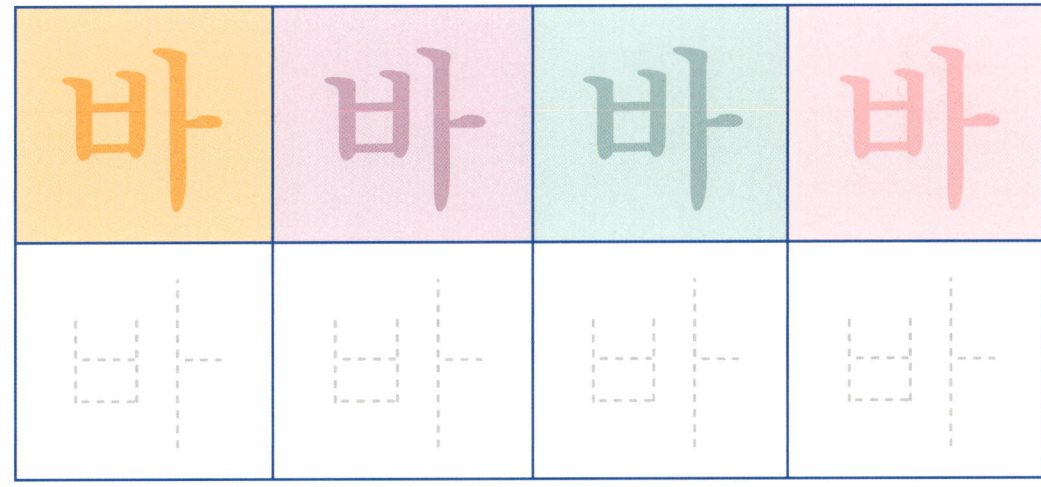

2 단계 13

사 ~ 자 쓰기

날짜: 월   일

매우잘함 | 잘함 | 보통

🎲 소리내어 읽으면서 바르게 써 보세요.

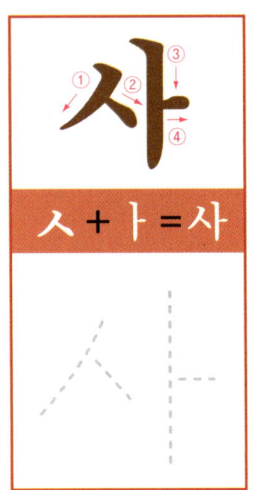
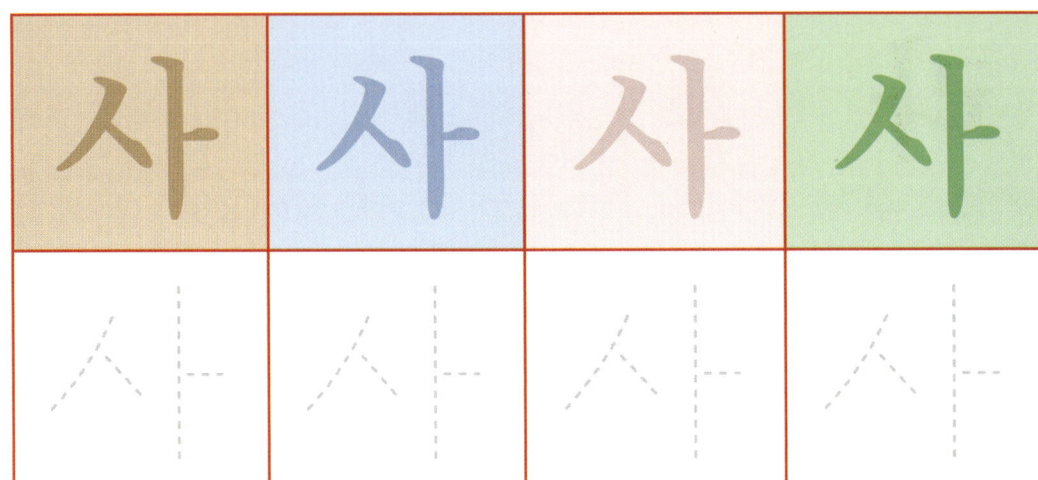

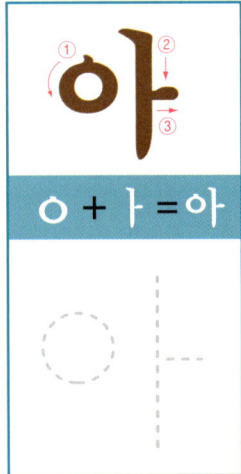
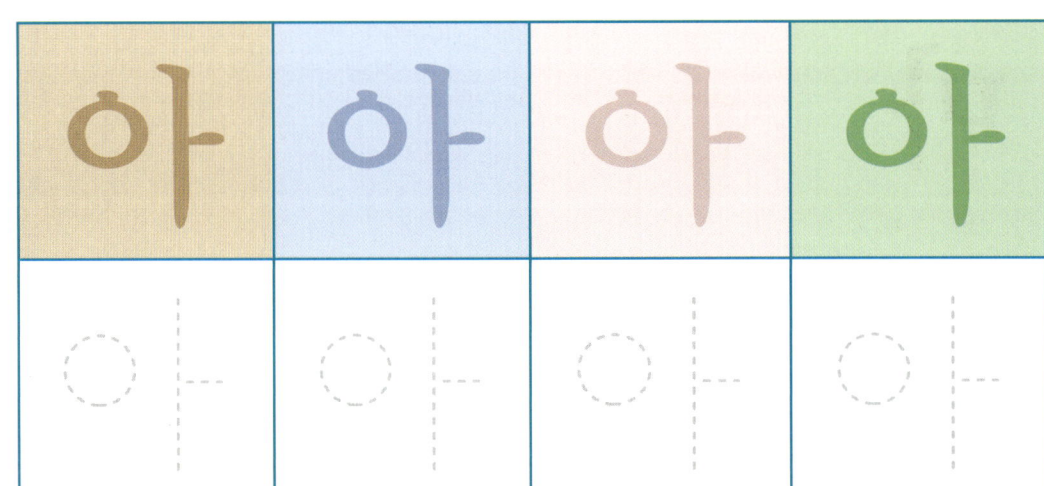

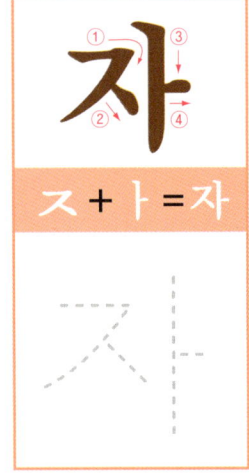
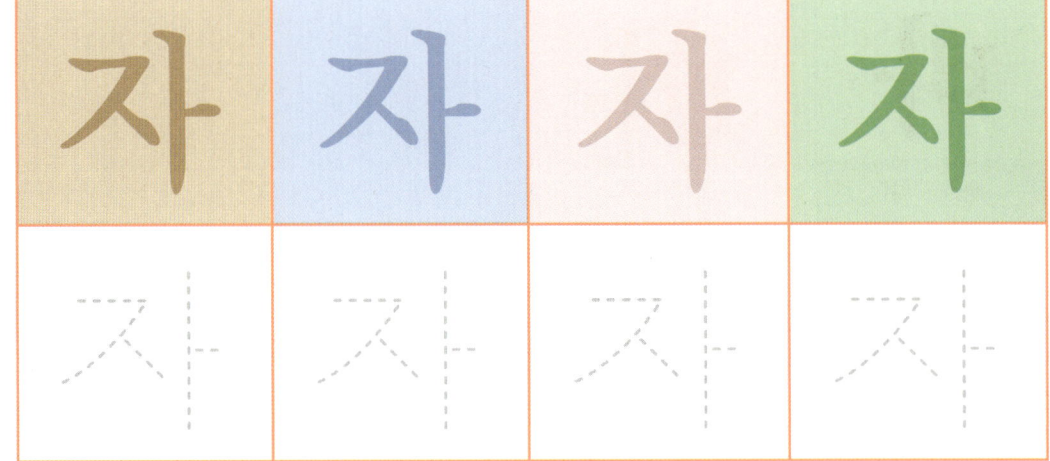

14 익힘장

차~타 쓰기

날짜: 월   일

매우잘함 | 잘함 | 보통

🎲 소리내어 읽으면서 바르게 써 보세요.

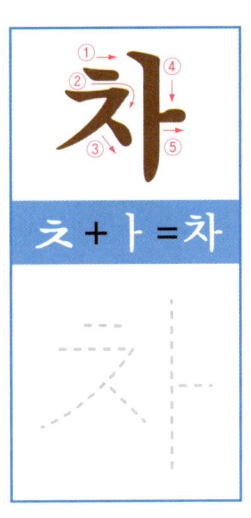
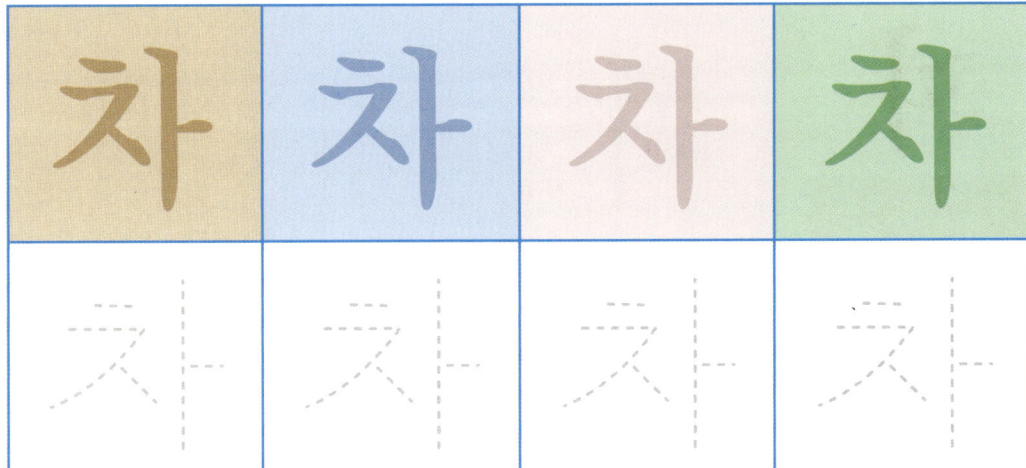

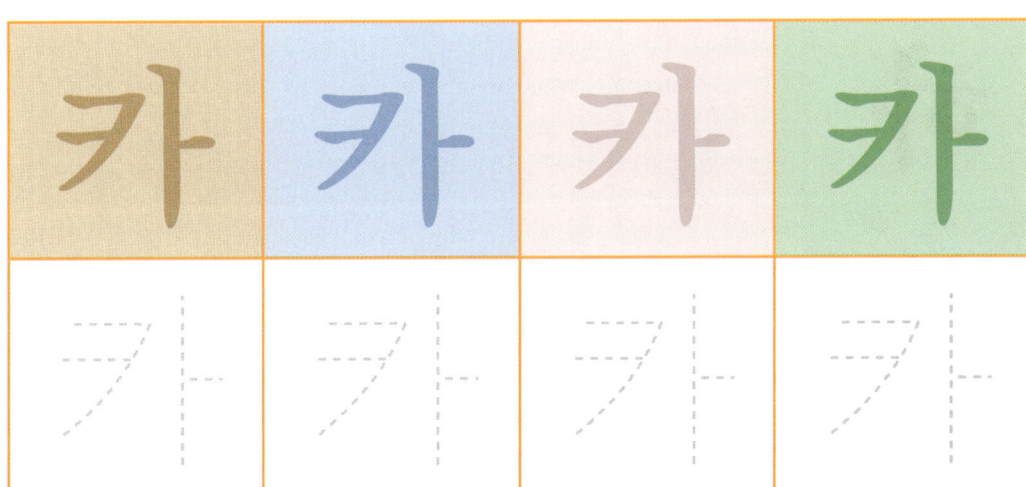

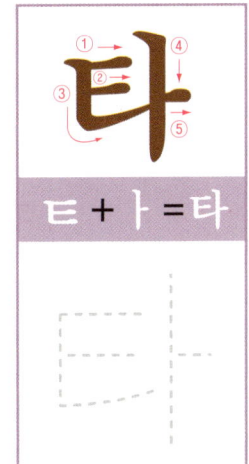

2 단계 15

파～하 쓰기

날짜: 월 일

매우잘함 | 잘함 | 보통

🎲 소리내어 읽으면서 바르게 써 보세요.

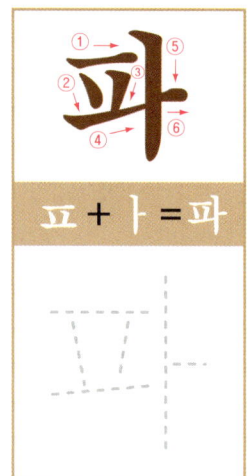

ㅍ + ㅏ = 파

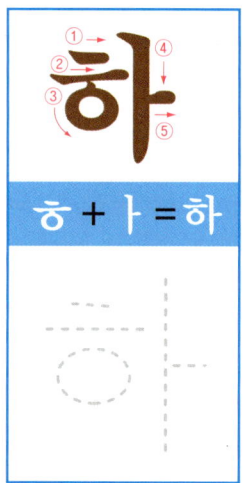

ㅎ + ㅏ = 하

16 익힘장

'가, 나, 다' 낱말 쓰기

🎲 소리내어 읽으면서 바르게 써 보세요.

가	지	나	무	다	리
가	지	나	무	다	리
가	지	나	무	다	리
가	지	나	무	다	리
가	지	나	무	다	리
가	지	나	무	다	리

날짜 :　　월　　일

'라, 마, 바' 낱말 쓰기

매우잘함 | 잘함 | 보통

🎲 소리내어 읽으면서 바르게 써 보세요.

소	라
소	라
소	라
소	라
소	라
소	라

마	차
마	차
마	차
마	차
마	차
마	차

바	지
바	지
바	지
바	지
바	지
바	지

'사, 아' 낱말 쓰기

소리내어 읽으면서 바르게 써 보세요.

사	다	리
사	다	리
사	다	리
사	다	리
사	다	리
사	다	리

아	버	지
아	버	지
아	버	지
아	버	지
아	버	지
아	버	지

'자, 차, 카' 낱말 쓰기

🎲 소리내어 읽으면서 바르게 써 보세요.

의	자
의	자
의	자
의	자
의	자
의	자

기	차
기	차
기	차
기	차
기	차
기	차

카	드
카	드
카	드
카	드
카	드
카	드

'타, 파, 하' 낱말 쓰기

날짜 :   월   일

매우잘함 | 잘함 | 보통

🎲 소리내어 읽으면서 바르게 써 보세요.

낙	타	파	리	하	프
낙	타	파	리	하	프
낙	타	파	리	하	프
낙	타	파	리	하	프
낙	타	파	리	하	프
낙	타	파	리	하	프

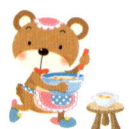

날짜 : 월 일

'거 ~ 더' 쓰기

매우잘함 | 잘함 | 보통

소리내어 읽으면서 바르게 써 보세요.

거 ①②③

ㄱ + ㅓ = 거

거 거 거 거

너 ①②③

ㄴ + ㅓ = 너

너 너 너 너

더 ①②③④

ㄷ + ㅓ = 더

더 더 더 더

'러~버' 쓰기

날짜 :   월   일

매우잘함 | 잘함 | 보통

🎲 소리내어 읽으면서 바르게 써 보세요.

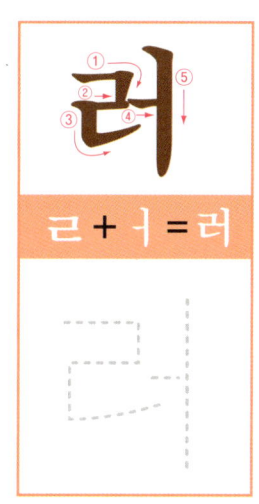

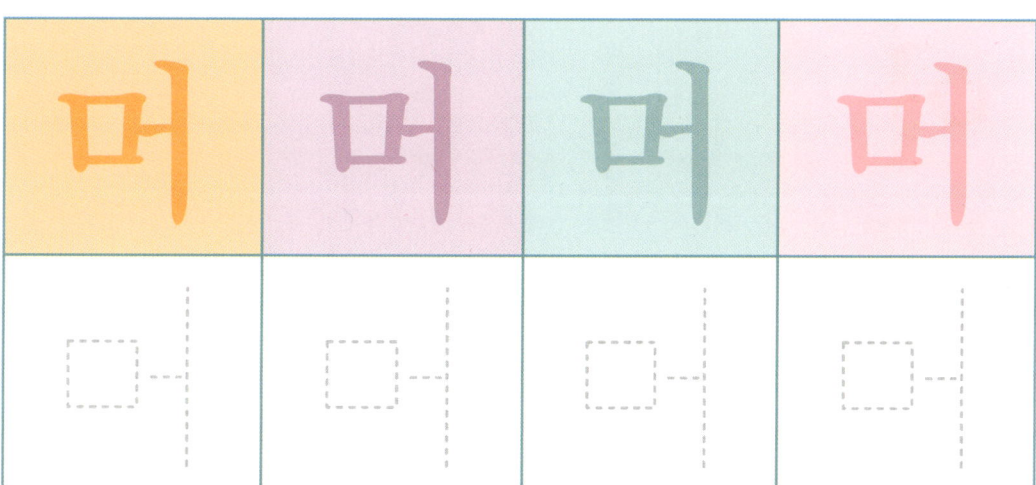

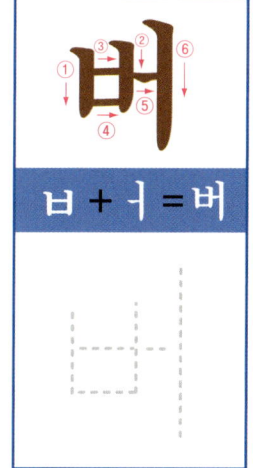
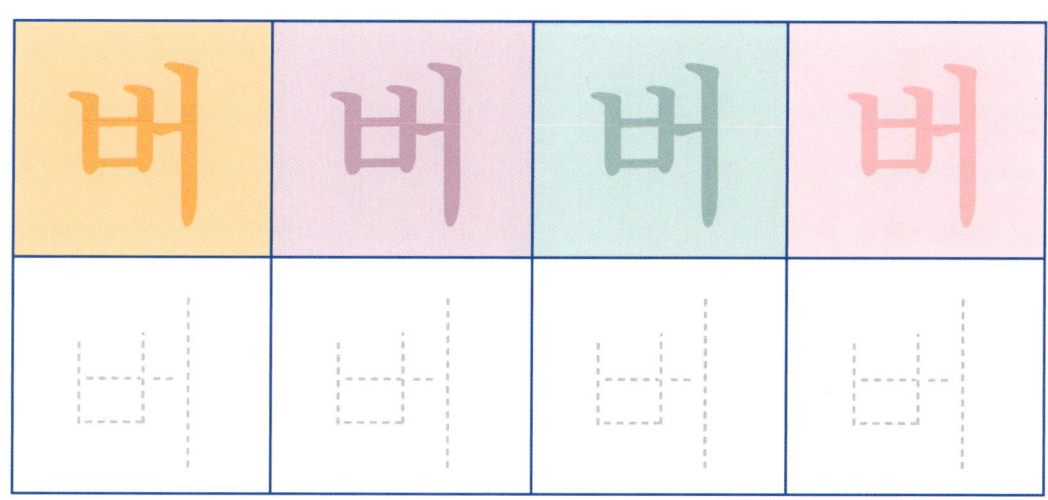

2 단계 23

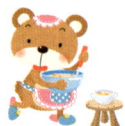

날짜 : 월 일

'서 ~ 저' 쓰기

매우잘함 | 잘함 | 보통

소리내어 읽으면서 바르게 써 보세요.

서 ㅅ+ㅓ=서	서	서	서	서
서	서	서	서	서
어 ㅇ+ㅓ=어	어	어	어	어
어	어	어	어	어
저 ㅈ+ㅓ=저	저	저	저	저
저	저	저	저	저

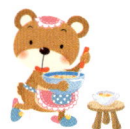

날짜 : 월 일

'처 ~ 터' 쓰기

매우잘함 | 잘함 | 보통

소리내어 읽으면서 바르게 써 보세요.

처 ㅊ + ㅓ = 처	처	처	처	처
커 ㅋ + ㅓ = 커	커	커	커	커
터 ㅌ + ㅓ = 터	터	터	터	터

'퍼~허' 쓰기

날짜 :   월   일

매우잘함 | 잘함 | 보통

🎲 소리내어 읽으면서 바르게 써 보세요.

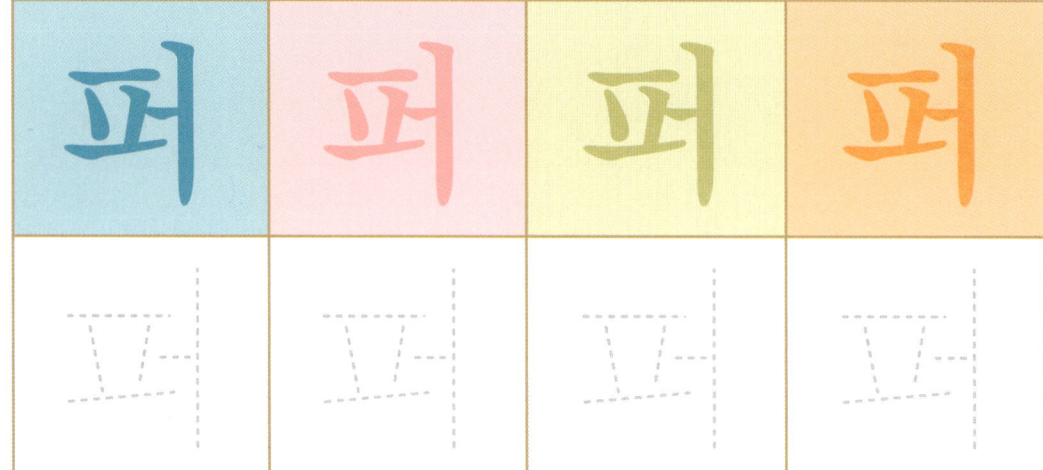

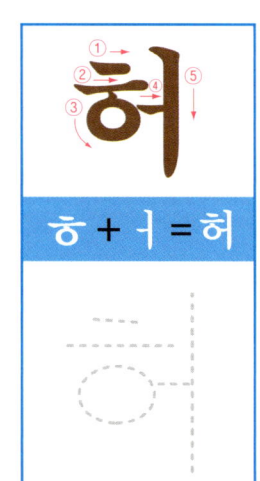
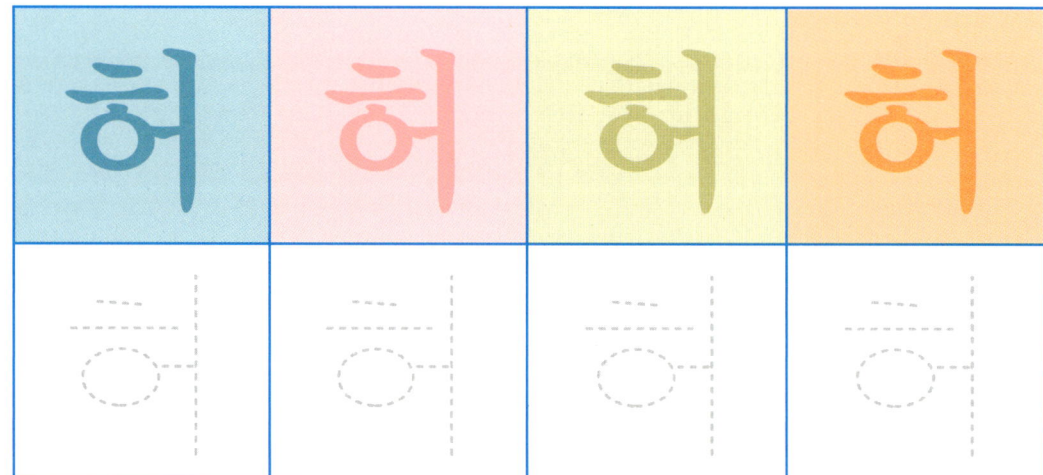

'거, 너' 낱말 쓰기

🎲 소리내어 읽으면서 바르게 써 보세요.

거	위
거	위
거	위
거	위
거	위
거	위

너	구	리
너	구	리
너	구	리
너	구	리
너	구	리
너	구	리

'더, 러' 낱말 쓰기

소리내어 읽으면서 바르게 써 보세요.

더	듬	이	기	러	기
더	듬	이	기	러	기
더	듬	이	기	러	기
더	듬	이	기	러	기
더	듬	이	기	러	기
더	듬	이	기	러	기

'머,버,서' 낱말 쓰기

🎲 소리내어 읽으면서 바르게 써 보세요.

머	리
머	리
머	리
머	리
머	리
머	리

버	섯
버	섯
버	섯
버	섯
버	섯
버	섯

서	류
서	류
서	류
서	류
서	류
서	류

'어, 저' 낱말 쓰기

날짜: 월 일

매우잘함 | 잘함 | 보통

🎲 소리내어 읽으면서 바르게 써 보세요.

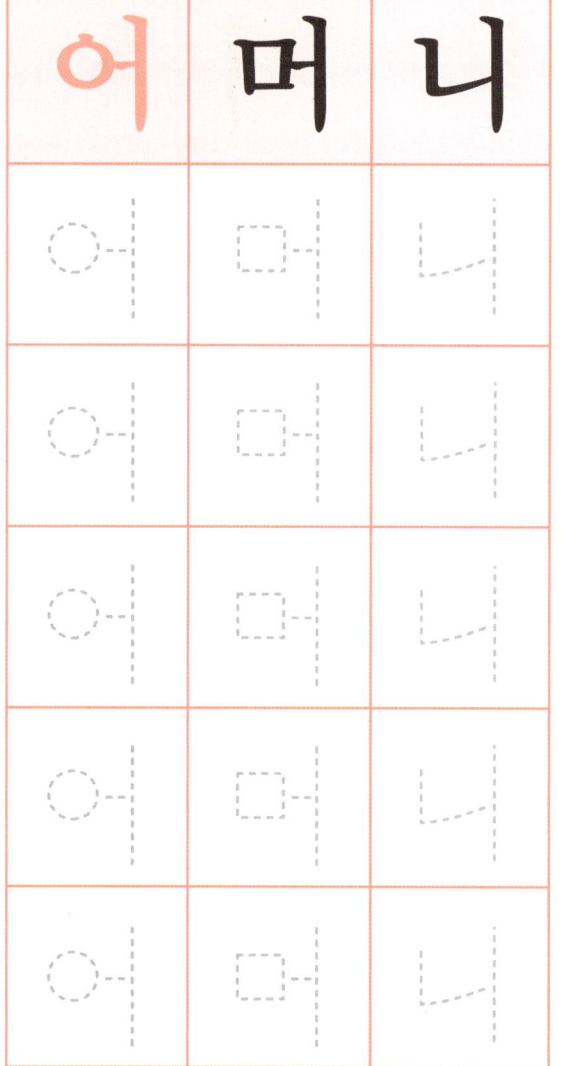

어	머	니
어	머	니
어	머	니
어	머	니
어	머	니
어	머	니

저	고	리
저	고	리
저	고	리
저	고	리
저	고	리
저	고	리

'처, 커, 터' 낱말 쓰기

🎲 소리내어 읽으면서 바르게 써 보세요.

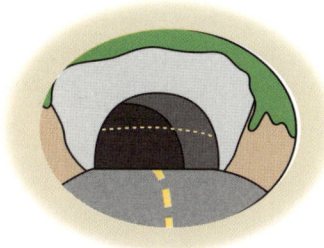

처	마

커	튼

터	널

'퍼, 허' 낱말 쓰기

 소리내어 읽으면서 바르게 써 보세요.

허	리	띠
허	리	띠
허	리	띠
허	리	띠
허	리	띠
허	리	띠

한글은 내친구 ❷단계

아이의 꿈을 생각하는 마음 - 블랙베베의 정신입니다.
Dream of Black BeBe

전 8권 (준비단계/유아·유치/예비 1학년)

한글은 내친구 1단계 　한글은 내친구 2단계 　한글은 내친구 3단계 　한글은 내친구 4단계 　한글은 내친구 5단계 　한글은 내친구 6단계 　한글은 내친구 7단계 　한글은 내친구 8단계

전 8권 (준비단계/유아·유치/예비 1학년)

수학은 내친구 1단계 　수학은 내친구 2단계 　수학은 내친구 3단계 　수학은 내친구 4단계 　수학은 내친구 5단계 　수학은 내친구 6단계 　수학은 내친구 7단계 　수학은 내친구 8단계